航空港规划丛书

刘武君　陈建国　著

浦东国际机场
货运站规划与运营

上海科学技术出版社

航 空 港 规 划 丛 书

图书在版编目（CIP）数据

浦东国际机场货运站规划与运营 / 刘武君，陈建国著. -- 上海：上海科学技术出版社，2022.1
（航空港规划丛书）
ISBN 978-7-5478-5481-5

Ⅰ. ①浦⋯ Ⅱ. ①刘⋯ ②陈⋯ Ⅲ. ①国际机场－货运站－运营管理－浦东新区 Ⅳ. ①F562.851

中国版本图书馆CIP数据核字(2021)第219241号

浦东国际机场货运站规划与运营
刘武君　陈建国　著

上海世纪出版（集团）有限公司 出版、发行
上 海 科 学 技 术 出 版 社
（上海市闵行区号景路159弄A座9F-10F）
邮政编码 201101　www.sstp.cn
上海中华商务联合印刷有限公司印刷
开本 787×1092　1/16　印张 10
字数 200 千字
2022 年 1 月第 1 版　2022 年 1 月第 1 次印刷
ISBN 978-7-5478-5481-5/V·30
定价：98.00 元

本书如有缺页、错装或坏损等严重质量问题，请向印刷厂联系调换

内容提要

本书对浦东国际机场货运站(PACTL)的规划和运营管理模式进行了全面、深入的研究。主要内容包括：PACTL 的成立背景、投融资模式、公司治理结构、中性独立的公司定位，PACTL 的组织结构、企业文化、薪酬管理、规范化管理、财务绩效管理、成本和服务管理、应收款管理、品牌管理，PACTL 的卡车航班服务，浦东机场货运设施的规划、建设与流程再造，浦东机场西货运站与物流产业园，机场冷链物流设施的规划、融资模式和发展策略等。全书内容与 PACTL 的经营管理实践紧密联系，揭示了 PACTL 成功的关键因素。

本书对从事航空货运站规划、设计、建设、运营的专业管理、技术人员有重要的参考价值，也可供高等院校相关专业师生参考阅读。

浦 东 国 际 机 场 货 运 站 规 划 与 运 营

前言

过去20年,我国的机场货运站随着航空货运物流业的高速发展,也处在高速发展变化之中。上海机场集团旗下的浦东国际机场货运站有限公司及其运营管理的几个货运站都得到了快速的发展,很好地完成了它们的历史使命。20年,它们从无到有、从落后到走在世界前列,讲述了一个"跨越式发展"的美丽故事。这故事里有一代人的艰难与困苦,也有他们的自豪和荣耀。

反映浦东国际机场货运站前10年创业经历的《浦东国际机场货运站运营管理研究》出版8年多了,早已经售罄。在航空货运物流被高度重视的今天,对航空货运站感兴趣的读者越来越多,购书需求不断增加。应上海科学技术出版社的邀请,我们准备再版"航空港规划丛书"。借此契机,结合最近10年多来浦东国际机场货运站的发展变化,对《浦东国际机场货运站运营管理研究》进行了修订。结合第一版出版以来西货运区、综合保税区、自贸区的航空货运物流产业的发展,以及新兴业态航空冷链物流的发展,第二版主要增加了第6章"西货运站与物流产业园"、第7章"机场冷链设施规划"及"杭州萧山国际机场东区国际货站案例"等内容,书名更改为《浦东国际机场货运站规划与运营》。

2020年3月24日,国务院常务会议指出:"我国国际航空货运能力存在明显短板,当前受疫情冲击国际航空客运萎缩,导致客机腹舱货运大幅下降,对我国产业的国际供应链带来较大影响。要采取有效措施提高我国国际航空货运能力,既着力保通保运保供、支撑国内经济,又推动增强我国物流行业国际竞争力。"随后，国家发展和改革委员会、交通运输部、中国民用航空局提出了一系列促进航空货运物流发展的政策措施。中国的航空货运物流进入了一个大发展的时期，各种航空货运站也如雨后春笋般发展起来了。

经过了20年的快速发展，今天的浦东国际机场货运站和浦东国际机场货运站有限公司也走到了历史发展的十字路口。面对当前航空货运物流发展的大好时机，如何与时俱进、转型发展、抓住机遇、再续辉煌，是新一代浦东国际机场货站人面临的巨大挑战和机遇。相信他们会做得更好！

毫无疑问，未来20年，中国航空货运物流将迎来一个辉煌的时期，航线网络重筑、货物业态更新、基础设施再造，一切皆有可能。为此，我们再版本书，真诚地希望本书对浦东国际机场货运站过去20年发展的回顾，能够帮助大家展望未来、开拓创新、再铸辉煌！

最后，感谢课题组的顾承东、谭晓洪、寇怡军、尹大雪、叶巍、陈旻等各位，感谢航港（上海）机场运营发展有限公司的陈立、李起龙先生，以及美国SPS（上海）交通咨询有限公司［Strategic Planning Services (Shanghai) Co., Ltd.］、上海甄翔交通工程咨询有限公司、中国民航机场建设集团有限公司等单位的各位朋友为本书出版给予的帮助！

刘武君

2021年7月20日 于北京干杨树

浦 东 国 际 机 场 货 运 站 规 划 与 运 营

《浦东国际机场货运站运营管理研究》 前言

  1994年，在浦东国际机场的总体规划和一期工程可行性研究中我们提出了年处理旅客8 000万～10 000万人次、货物500万t，四条平行跑道、集中式航站区、集中式货运区的规划方案（见图1、图2）。这对于当时（1993年）只有759万人次、24万t货运量的上海来说，确实有点不好理解。特别是年处理500万t货物，很难接受。但有一点大家达成了共识，那就是"为了代表国家参与亚太航空枢纽的竞争、参与世界经济的竞争，浦东国际机场未来将需要具备年处理旅客8 000万人次、货物500万t的能力，需要把浦东国际机场按照国际航空客货运枢纽来规划建设"。可见，浦东国际机场就是为了成就国家战略而生的。在浦东国际机场建设大型国际航空货运枢纽，从一开始就是国家战略的一部分。

  建设航空货运枢纽对于机场来说主要是规划建设好机场的货运区，包括口岸管理设施、货运站、货代仓库等相关设施。由于多种历史原因和认识上的局限性，浦东国际机场最终没有采用集中式货运区的方案。

  1997年，当上海浦东国际机场工程建设指挥部开始启动浦东国际机场一期货运站建设的时候，大家还存有许多顾虑：第一，建多大规模合适？因为许多领导和专家对浦东国际机场的货运量预测有不同看法，他们并不看好浦东国际机场的货运发展。第二，建什么样的货运站？在浦东国际机场建设之前，虹桥国际机场和国内其他机场的货运

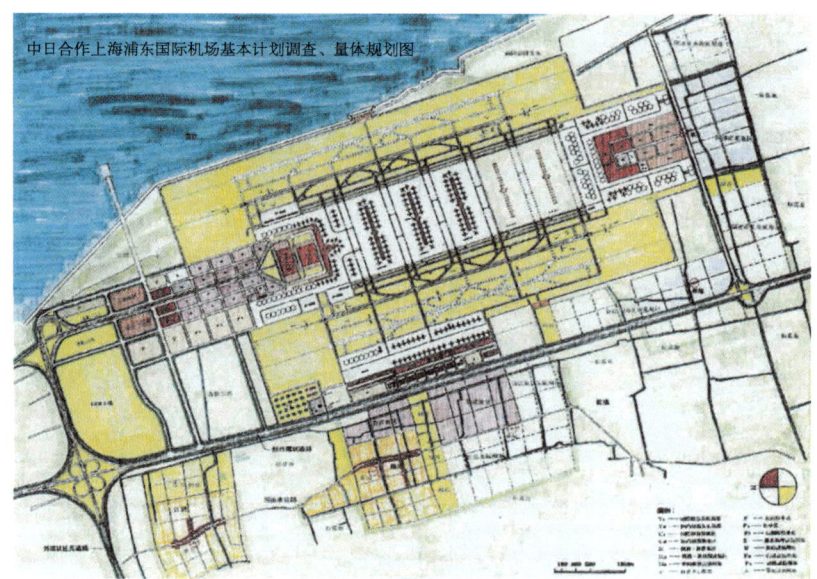

图1　1994年中日合作浦东国际机场规划

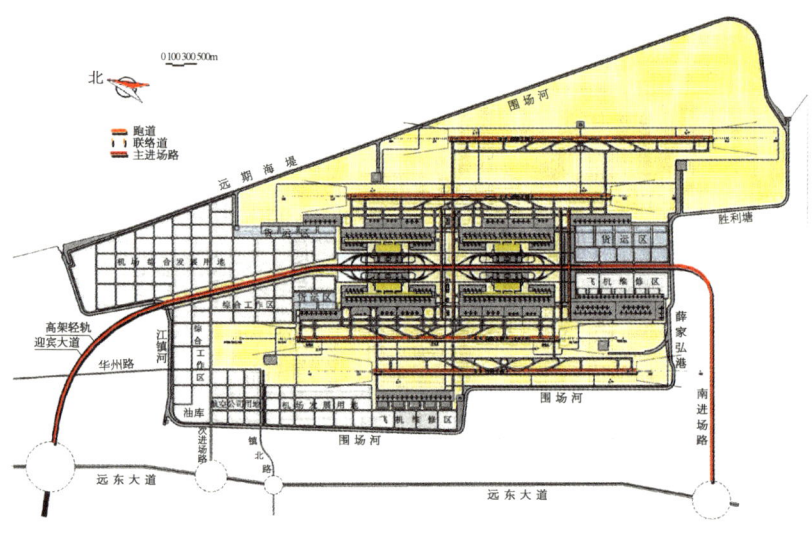

图2　1996版浦东国际机场规划

《浦东国际机场货运站运营管理研究》前言

站还都只是个能遮风挡雨的"库房",航空货运产业还非常初级、低端,而我们规划设计的一期货运站是一个非常现代化的货运站。第三,货运站由谁来管理?由于历史原因,虹桥国际机场的货运业务一直由基地航空公司高度垄断,这就导致机场方没有专业的货运人才资源,当然也缺乏货运站运营管理的经验。第四,资金从哪里来?由于大家都不看好机场货运站的市场前景,我们在国内很难找到合适的投资商。

面对如此多的顾虑和困难,上海机场(集团)有限公司解放思想,创造性地组建了上海浦东国际机场货运站有限公司(Shanghai Pudong International Airport Cargo Terminal Co., Ltd., PACTL),并引进具有国际先进货运站运营管理经验的知名职业经理人队伍来运营管理。

1999年,我们又抓住中美海关在国际快件上合作的机遇,顶着巨大的压力建设了"浦东国际机场快件处理中心"。

2004年,机场方为配合浦东新区的保税园区和机场镇开发,结合浦东国际机场二期扩建工程又规划建设了西货运区(见图3)。

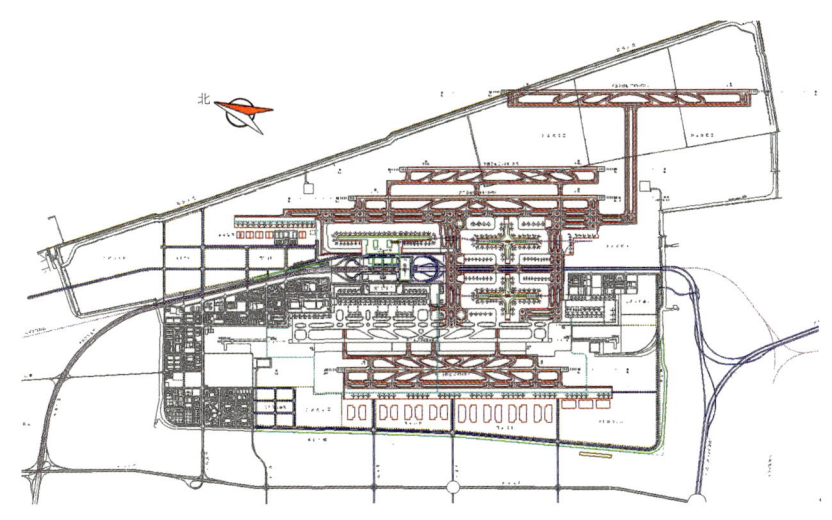

图3 2004版浦东国际机场规划

今天,经过10多年不断的艰苦努力和开拓创新,PACTL已经成为上海机场集团内部市场化程度最高、资产收益率最高、内部管理最好、最具成长性的现代国有控股企业;对外,PACTL也已经成为航空货运行业的"排头兵"和"典范"企业。2010年,浦东国际机场完成了 323 万 t 的货运量,牢牢占据世界第三的位置,其中 PACTL 完成了 134 万 t,占 41%。现在,浦东国际机场又在为下一轮的发展未雨绸缪了。新一轮的发展蓝图——2011 版浦东国际机场规划(见图 4)已于 2011 年 8 月 9 日获得批复。

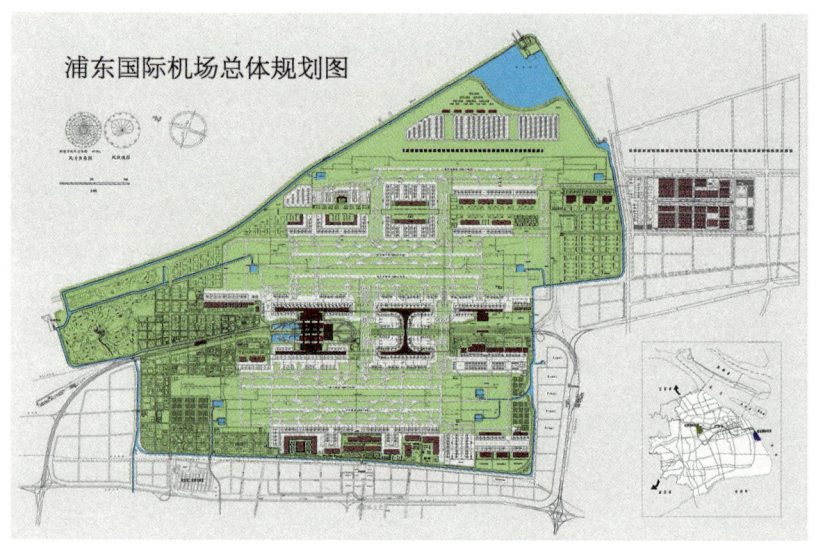

图 4　2011 版浦东国际机场规划

大家都知道 PACTL 的成功与浦东国际机场在货运方面的成功一样,得益于巨大的腹地和高度发达的综合交通网络。然而很少有人研究过这腹地到底有多大?这个交通网络到底有多发达?更没有多少人知道这个腹地是怎样被"开拓"出来的?这个物流网络是怎样被建立起来的?本书将为读者回答这些问题。

事实上,浦东国际机场航空货物的来源地(或集货网络)已经基本覆盖了全国,并连接了世界主要大都市。这成为浦东国际机场在货运方面成功的关键。在这个国际国内物流网络的建设中,PACTL 始终都起着"领跑者"和"标杆"的作用。

业内的许多领导和专家经常会问,PACTL 成功的原因是什么?我们把它简单地归纳为两点:"便捷"和"便宜"。"便捷"是指从货主发货到客户收货的时间最短,这要求运输网络中班次频率越高越好,中间层次越少越好。"便宜"是指货运站、航空公司、货代的成本最低。从本书中,我们可以看到 PACTL 的全部成功都能归结为这两点,即对"提高效率"和"降低成本"的不懈追求。

《浦东国际机场货运站运营管理研究》前言

　　能做到这两点,其根本原因是 PACTL 的公司治理。它决定了 PACTL 一定会在公司经营管理上走精细化之路,成为一个市场上的强者,因为不"强"则"亡"。从本书中,我们还可以看到 PACTL 成功的另一个因素,是公司经营者对航空货运市场的高度洞察力和对航空货运流程、口岸管理模式等的透彻认识。这就是经营者的水平所在。

　　十年磨一剑。PACTL 被锻造成了行业的典范,成就了把浦东国际机场建设成国际货运枢纽的国家战略,走过了一条企业发展的辉煌之路,得到了业内外的广泛赞誉,为上海航空枢纽的建设作出了巨大的贡献。希望本书能够助推上海航空枢纽的建设、助推全中国航空货运业的发展、助推 PACTL 走向更大的辉煌。

　　本书分四个部分研究 PACTL 的运营管理。第一部分谈公司治理结构;第二部分谈企业管理之道;第三部分谈 PACTL 的市场营销;第四部分谈货运站设施的建设和功能流程再造。

　　最后,编委会在调研过程中不仅得到了 PACTL 的领导和各部门负责人的大力支持,而且他们的讲述给我们带来了许许多多的感动。在此,特别对他们表示衷心的感谢!

刘武君

2012 年 5 月

目录

第1章　PACTL 经营管理研究课题　1
1.1　课题背景和主要内容　2
　　1.1.1　背景　3
　　1.1.2　主要内容　4
1.2　课题研究方法和意义　4
　　1.2.1　研究方法　4
　　1.2.2　课题的重要意义　5

第2章　PACTL 的公司治理研究　9
2.1　PACTL 成立的背景　10
　　2.1.1　基地航货运站的竞争优势　11
　　2.1.2　上海航空货运业发展潜力巨大　11
2.2　PACTL 的投融资模式　12
　　2.2.1　合作伙伴的选择　12
　　2.2.2　PACTL 的股权分配　13
　　2.2.3　PACTL 投融资模式的意义　14
2.3　PACTL 的公司治理结构　15
　　2.3.1　治理结构设计所面临的问题　15
　　2.3.2　PACTL 的公司治理结构设计　16
　　2.3.3　PACTL 对代理人的激励和约束　17

2.4 PACTL 中性和独立的公司定位 18
2.4.1 市场上的中性——淡化股东的痕迹 19
2.4.2 经营管理上的中性——去除母公司对经营管理的主导和干预 20
2.4.3 行政管理上的中性——淡化官僚的痕迹 21

第 3 章 PACTL 的内部管理研究 23
3.1 服务型组织结构 24
3.2 职业经理人与企业文化 28
3.2.1 职业经理人的特点与能力 28
3.2.2 职业经理人对保持 PACTL 中性和独立的作用 29
3.2.3 非中性交换条件的代价 29
3.2.4 职业道德教育 30
3.2.5 融合中西的企业文化 31
3.3 薪酬设计与人力成本 33
3.4 规范化管理 35
3.4.1 对操作手册的理解 35
3.4.2 对规范化管理的理解 36
3.5 财务预算和绩效考核 36
3.5.1 保守的财务预算风格 36
3.5.2 对绩效考核的认识 36
3.6 成本和服务标准的控制 37
3.6.1 设备设施和办公成本的控制 37
3.6.2 质量指标的控制 38
3.6.3 控制比例和差错率 39
3.7 降价策略和应收款管理 39
3.7.1 PACTL 的降价策略 39
3.7.2 PACTL 的应收款管理 40
3.8 公司形象与品牌经营 40

  3.8.1 主动适应客户和市场 41
  3.8.2 低调的媒体宣传策略 42
  3.8.3 品牌独立性 42
  3.8.4 PACTL 的对外关系与挑战 43

第 4 章 PACTL 的卡车航班延伸服务 45

4.1 卡车航班是航空货运价值链中的一环 46
  4.1.1 航空货运流程和中转类型 46
  4.1.2 货物中转需求催生卡车航班 48

4.2 苏州(SZV)通过卡车航班实现空陆、陆空联程中转 49
  4.2.1 苏州虚拟空港(SZV) 49
  4.2.2 SZV 空陆联程中转 51
  4.2.3 SZV 陆空联程中转 51
  4.2.4 PACTL 在 SZV 运作中的角色 52

4.3 PACTL 开通卡车航班延伸服务 52
  4.3.1 PACTL 的固定卡车航班 52
  4.3.2 PACTL 的不定期卡车航班 54

4.4 卡车航班的运营模式 55
  4.4.1 PACTL 外包的卡车航班 55
  4.4.2 航空公司外包的卡车航班 56
  4.4.3 航空公司自营的卡车航班 57

第 5 章 货运设施的规划建设与流程再造 59

5.1 作业流程比较分析 61
  5.1.1 一期货运站作业流程 61
  5.1.2 西货运站作业流程 65
  5.1.3 提前报关提升作业流程效率 67

5.2 功能分区改进提升 67

　　　　5.2.1　一期货运站功能布局　　67
　　　　5.2.2　西货运站功能布局　　69
　　　　5.2.3　西货运站出港货物流程　　72
　　　　5.2.4　西货运站进港货物流程　　75
　　5.3　工艺设备布置选型优化　　78
　　　　5.3.1　条码、手持终端和直通集装货处理系统的引入　　79
　　　　5.3.2　分解/组合作业区的布置优化　　80
　　　　5.3.3　散货存储方案优化　　81
　　5.4　模块化规划的灵活性　　83
　　　　5.4.1　货运站的标准化模块　　83
　　　　5.4.2　西货运站规划的灵活性　　86
　　　　5.4.3　西货运区的模块化规划　　88
　　5.5　PACTL 功能流程再造的原因分析　　89
　　　　5.5.1　航空货运量持续高速增长　　89
　　　　5.5.2　运输形式和货物流向等呈现新特点　　90
　　　　5.5.3　海关监管模式转变　　91
　　5.6　PACTL 功能流程再造与运营管理变革　　92

第6章　西货运站与物流产业园　　95

　　6.1　西区公共货运站的融资模式　　97
　　6.2　西货运站的地位和作用　　98
　　6.3　西货运区与物流产业园区　　100
　　　　6.3.1　西货运区货运设施规划布局　　101
　　　　6.3.2　西货运区与物流产业园区的监管模式　　103
　　　　6.3.3　货运物流园区演进　　105

第7章　机场冷链设施规划　　107

　　7.1　我国冷链物流的发展趋势　　108

7.2 备受关注的航空冷链物流　110
7.3 浦东国际机场冷链货站的规划及融资模式　111
7.4 机场冷链物流设施的发展策略　115

第8章　结语　117

8.1 现代国有控股企业的公司治理及人的重要作用　118
　8.1.1 公司治理　119
　8.1.2 职业董事长的重要作用　119
　8.1.3 经营者的重要作用　120
8.2 运营管理与功能流程的升级再造　120
8.3 服务性企业的中性和独立及其精细化的内部管理　121
8.4 独创的效率优先的营销服务网络　122

附录　课题验收会专家发言记录　125

专家一　126
专家二　127
专家三　131
专家四　132
专家五　132

图表索引　134

案例索引　136

后记　137

参考文献　139

第 1 章

PACTL 经营管理研究课题

1.1 课题背景和主要内容

2009 年,国务院关于上海建设国际航运中心的意见正式出台,明确 2020 年上海将基本形成国际航空枢纽港,实现多种运输方式一体化发展的目标。这标志着上海两个中心的建设正式纳入国家战略体系。

浦东国际机场(以下简称浦东机场)自 1999 年建成通航,旅客吞吐量和货物吞吐量一直稳步增长,尤其是货物吞吐量。到 2010 年,浦东机场货运量达 323 万 t,名列世界第三位。根据预测,到 2016 年,浦东机场货运量将达到或超过 500 万 t,将成为全球第一大货运机场。因此浦东机场很可能将率先建成国际航空货运枢纽。

PACTL 由上海机场(集团)有限公司于 1999 年发起,由上海机场集团、德国汉莎货运航空公司、上海锦海捷亚国际货运公司在 1999 年合资成立,其中上海机场拥有 51% 的股份,德国汉莎拥有 29% 的股份,锦海捷亚拥有 20% 的股份。

目前,PACTL 拥有世界一流的先进的货物操作处理系统、符合国际要求的质量标准、丰富的管理经验和货物处理经验,以及受过良好培训的专业人员。通过始终致力于为客户提供优质可靠的服务、最新的解决方案和出众的服务质量,经过十多年的努力,PACTL 已经成为国内航空货运站行业的领头羊和公认的市场领袖。同时 PACTL 也是上海机场(集团)有限公司内部市场化程度最高、资产收益率最高、内部管理最好、最具成长性的现代国有控股企业。2010 年 PACTL 处理 134 万 t 货物,其中国际货物 127 万 t,分别占浦东机场的 41% 和 53%。

浦东机场已建成的货运设施主要由一期货运区、东货运区和西货运区组成。一期货运区分为机场货站、东航货站和上航货站,以处理客机带货为主。东货运区包括一个快件处理中心,机场、东航和上航三个货运站,以处理客机带货、快件为主。此外,还包括海关监管仓库及西货运区。其中一期货运区、东货运区的机场货站由 PACTL 通过付费使用的方式租用。

一家 1999 年才新成立的,主要固定资产都是采用租赁方式取得的合资公司为什么能够迅速崛起成为行业领袖并创造巨额的利润?这是本书需要解答的问题。

中国及浦东机场航空货运量的迅速增长只是其中一个原因,因为同时期还有两家航空公司的货运站与 PACTL 一直在竞争。但毫无疑问,航空货运的大发展为 PACTL 的成功提供了最好的外部助推力。

1.1.1 背景

从 20 世纪 90 年代初开始,随着世界经济的复苏和增长,航空运输需求逐渐走旺,呈现加速增长趋势,货运量的增长速度几乎是客运增长速度的 2 倍,空运正成为货运企业的业务重点,并且航空货运在价值上已占到世界货运贸易额的 40%,这为国际航空物流的发展提供了广阔的市场。随着中国加入世界贸易组织和中国经济的迅速发展,中国航空货运呈现快速发展的势头。2005 年我国机场货邮吞吐量 633 万 t,同比增长 14.6%。波音公司预测,中国航空货运市场将是未来最具潜力的和增长最快的市场,中国航空运输市场将以每年 7.6% 的速度增长,到 2020 年将成为仅次于美国的世界第二大航空市场。浦东机场自 1999 年通航以来运量逐年大幅增加,尤其是 2002 年 10 月"航班东移"以来,浦东机场航空货运保持着较好的发展态势,邮货量快速增长、世界排名稳步上升,飞机起降架次由 1999 年的 3 917 次增加到 2010 年的 32.2 万次;旅客吞吐量已由 1999 年的 29.68 万人次增加到 2010 年的 4 057.9 万人次;货邮吞吐量由 1999 年的 1.09 万 t 增加到 2010 年的 322.81 万 t。2010 年货邮吞吐量的世界排名和亚洲排名也分别提升到第 3 位和第 2 位。

近年来,浦东机场不断拓展国际航线网络,并增加货运航班运力投放。2010 年,通航浦东机场的中外航空公司已达 63 家,航线覆盖 86 个国际(地区)城市、76 个国内城市,其中拥有货运专机的航空公司 27 家、货运航空公司 9 家。

由于长期受到"重客轻货、以客带货"的影响,我国航空运力一直较有限,航空运输的货物很少,航空货运市场发展缓慢。但是,近年来随着我国改革开放政策的不断深入,尤其是在加入 WTO 后,贸易量和出口量出现持续大幅增加,且航空货运量的增速明显高于客运量,为我国航空货运的发展创造了巨大的需求,航空货运也取得了飞速发展。据中国民航总局的一项调查数据显示,发达国家外贸进出口额每增长 1%,航空货运就增长 7%~9%;中国外贸进出口额每增长 1%,航空货运就增长 2%。另据中国航空工业第一集团公司公布的预测结果显示,未来 20 年内中国航空货运周转量的增长要远远高于客运,年均增长率为 11.3%,到 2022

年将达到 439.1 亿 t·km。

1.1.2 主要内容

作为行业后起之秀，PACTL 如何打破竞争对手先入的市场垄断及依托基地航空公司两大竞争优势，从激烈的航空货运市场脱颖而出，最终拿下浦东机场货运的半壁江山，并取得优异的财务业绩？本书将回答这个问题。

除了外部市场的因素外，PACTL 的成功必定有其企业自身、内部更为深刻和重要的原因。PACTL 成功的原因是什么？有哪些因素发挥作用？本书基于现代企业管理理论与实践成果，从公司治理结构、企业内部管理、外部市场营销及运营管理的升级和功能流程再造等几个方面进行研究，以揭示出 PACTL 取得成功的关键要素与规律。因此，将重点研究 PACTL 的公司治理结构、品牌经营、卡车航班外包、货运流程与企业规模发展、企业经济性诉求、企业文化、企业与外部关系等方面的做法和特点，或许公司治理和企业内控就是两个重要的内部因素。

预期研究的主要成果在于找出国有合资企业经营成功的关键因素。

1.2 课题研究方法和意义

本书分析了现代国有控股企业成功的关键要素，其研究成果可以作为国有集团企业进行实业投资及与外资、民资合作的重要参考依据，为国有集团企业拓展新业务、整合旧有业务提供宝贵的经验和技术支持。研究 PACTL 的经营管理，为集团企业的发展战略和业务组合提供宝贵的经验和实践，研究成果可用来指导集团企业投资新业务及整合现有业务。

1.2.1 研究方法

本书为了真实反映 PACTL 在公司治理、内部管理、外部营销、规划建设等领域的实际情况，采用了访谈调研法、演绎分析法及文献资料分析等多种研究方法。

本书基于国内外现代企业管理理论研究与实践方法，通过实例的深度调研分析，采用实证、现场调研法、专家访谈、综合分析等手段，总结和提炼 PACTL 经营成功的关键因素。访谈调研法是通过研究者与被调查对象面对面直接交谈方式实现收集信息资料，深入到企业实地考察，搜集、访问、掌握企业经营管理的现状资料，并结合企业管理理论进行深入研究。演绎分析法是把大的问题分解为各个方面，形成分类资料，并通过对这些分类资料的研究分别把握特征和本质,然后将这些通过分类研究得到的认识联结起来,形成对问题整体认识的逻辑方法。运用从一般到特殊和归纳总结的方法,对企业的发展进行全面系统的分析,试图探索 PACTL 取得成功的关键要素与规律。

本书研究的技术路线如图 1-1 所示。

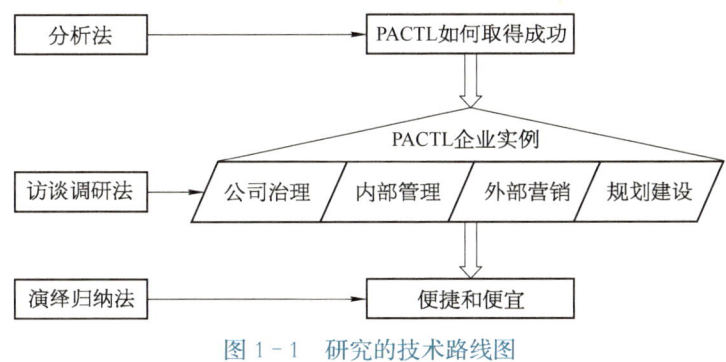

图 1-1　研究的技术路线图

1.2.2　课题的重要意义

PACTL 的成功,是国有控股企业成功的典范,对探索我国国有企业投融资改革、公司治理、集团管控具有巨大的实践意义。PACTL 的管理经验,为中外合资企业的经营管理提供了一个很好的成功范例。对于类似企业的公司治理具有较强的借鉴意义。代表国资的中方在处理好与外方的关系的同时,完全能通过合资企业的发展不断壮大国有资产。

同时,对 PACTL 运营管理模式的研究,还具有较高的学术意义和理论价值。研究成果对于推进上海航空枢纽战略,促进我国民航机场货运量增长,发展第三产业交通运输物流业,具有显著的社会效益和经济效益。

此外,PACTL 企业发展的过程,就是一部完整的货运流程和业务变化发展史,对此进行研究总结,可以为相关机场的货运设施规划和建设提供第一手资料和依据,指导货运区工程建设和物流事业的发展规划。

本研究课题的主要创新之处在于:

第一,提出"便宜"和"便捷"是 PACTL 成功的法宝。推而广之,"低成本、高效率"是交通运输、物流行业成功的关键要素。具体到航空货运站行业,中性和独立的定位是未来发展的主流方向。

第二,指出货运设施的规划建设与货运站运营模式之间的联系,并对浦东机场一期货运区、东货运区、西货运区的规划建设与 PACTL 运营模式的变化调整、功能流程再造进行了比较分析。

第三,分析了 PACTL 的"卡车航班"和"货代自行打板"等业务,指出通过灵活多样的外部市场营销策略,可以有效延长企业在产业链中的价值链条,从而赢得更多的客户和利润。

案例 1-1　杭州萧山国际机场东区国际货站投资运营模式研究

2020 年,我们很荣幸得到了为杭州萧山国际机场东区国际货站项目提供投资、运营相关咨询研究的机会。杭州萧山国际机场东区国际货站位于杭州萧山国际机场东货运区。项目地块位于现行机场红线外,其用地东侧紧邻 B 型保税物流中心,西侧为规划中的国内货运站和顺丰枢纽货站。该东区货运站为"7"字形设计,陆侧三层＋空侧一层式结构的智能化航空货运站综合体。总建筑面积约 15.67 万 m^2,设计货物处理能力为 60 万 t(2035 年)。项目预算总投资 14.9 亿元(见图 1-2)。

杭州萧山国际机场东区国际货站项目的投资主体为浙江杭州临空经济开发有限公司。浙江杭州临空经济开发有限公司,是由浙江省机场集团有限公司和杭州市萧山区国有资产经营总公司(代表萧山区人民政府履行出资人义务)共同出资组建的有限责任公司,负责推进空港区域综合枢纽和临空经济示范区的各项建设工作。

项目首先遇到的是该东区国际货站是否需要进一步投资主体多元化课题。我们提出了若市场上引入的投资者在投入资金的同时,能够引入航空货运资源支撑国际货站后续业务发展,就可以考虑国际货站的投资主体进一步多元化的建议。这些潜在的投资者包括菜鸟物流、京东物流等。需要说明的是,引入投资者会额外增加土地转性成本。同时,建议原则上引入的投资者所占股权比例之和不宜超过三分之一,以确保浙江机场集团在合资公司重大问题决策上的绝对话语权,最大限度地维护机场集团的根本利益;投资者数量也不宜超过三家,以免股权过于分散,增加公司治理和沟通协调的成本。

在如何选择东区国际货站的运营主体这一课题上,我们认为运营主体要符合以下三点要求:一是要具备一定的国际货站运营管理能力;二是要对市场资源有一定的掌控能力,需要具备深厚的对航空货运资源的理解和经营管理能力,能够对东区国际货站的业务发展提供持续支撑;三是能够深入贯彻浙江机场集团的意志,服务杭州萧山国际机场航空货运的发展战略。

在杭州萧山国际机场,现在就有一个"杭州萧山国际机场航空物流有限公司",是杭州萧山国际机场有限公司的全资子公司。目前它运营管理着杭州萧山国际机场最大的进出港空

第1章 PACTL经营管理研究课题

三层：代理区
- 进港监管库；
- 出港大客户入驻区；
- 航材保税仓库

二层：快件/跨境中心
- 处理快件、跨境电商件为主；
- 处理普货为辅

一层：货站
- 综合服务平台：紧急货、特殊货物(冷藏、冷冻、动物)等；
- 一层空侧和陆侧开面成"L"形，开面大；
- 一层陆侧场地相对宽敞，便于货车进出行驶；
- 一层直通空侧，交接效率高

图1-2 杭州萧山国际机场东区国际货站

运货物集散处理中心，负责除国航、顺丰自营货机以外的所有进出港航班的货物运输保障工作。但它目前还不能很好地满足上述三条要求。

在综合调查研究了多方因素，并进行了详细的SWOT分析之后，我们建议浙江机场集团和杭州萧山国际机场有限公司，尽快对杭州萧山国际机场航空物流有限公司进行股份制改造，积极引入具有拓宽航空货源市场能力、具备航空货运运力和具有较强国际货站运营管理能力的合作方，共同组建新的"杭州萧山国际机场货运站有限公司"，采用人员选聘、激励约束、绩效考核等市场化的方式运作,促使其在东区国际货站投运前具备上述三方面要求的运营管理能力。

最后,我们还对新组建的"杭州萧山机场货运站有限公司"的股权分配做了以下设计:① 机场集团占股比例应超过51%,保证机场集团对合资公司的控制权,充分发挥机场的主导作用,便于与机场运行资源的协同发展;② 原则上引入的合作者不超过两家,以避免股权过于分散,增加合资公司治理和沟通协调成本;③ 其他任一合作者所占股权都不宜超过三分之一,以确保机场集团在合资公司重大问题决策上的话语权,最大限度维护社会公共的根本利益;④ 为了充分调动合作者的专业资源,形成业务发展的战略协同,其所持股份不宜过低。

尽早研究确定机场货运站的投资、运营模式,是非常重要和关键的课题。明确的法人,以及法人对货运站未来发展的谋划,是规划建设的依据,也是项目成功的基础和前提。

浦东国际机场货运站规划与运营

第 2 章

PACTL 的公司治理研究

现代企业所有权与经营权的分离导致企业中产生了所有者与经营者的委托—代理关系。如何处理委托—代理关系是公司治理的首要问题和重要前提，并对公司治理结构的设计产生决定性影响。

PACTL 创造性地采用多元化投融资模式，在政策许可的范围内，通过保留所有权、转移经营权的方式，巧妙地实现了所有权与经营权的分离。这在 20 世纪 90 年代中的中国是十分难能可贵的。

事实证明，PACTL 成立和发展的过程正是现代企业所有权与经营权实现分离的具体实践，是对中性、独立的公司定位的思考，也是对现代企业组建与经营的思考。

2.1　PACTL 成立的背景

PACTL 成立于 1999 年，为中德合资企业，由上海机场（集团）有限公司、德国汉莎货运航空公司和上海锦海捷亚国际货运有限公司三方投资组建。公司总投资为人民币 4.790 2 亿元，注册资本为人民币 1.916 1 亿元。

PACTL 成立至今，成功整合与发挥了合资三方的优势，经过十余年的不懈努力和发展，已经成为行业领先的世界级货运站之一。在合资三方的共同努力下，PACTL 从 1999 年刚成立时仅有的 4 家客户、每月货物处理量仅为 2 000 t，发展为目前拥有 2 100 名员工、35 家客户、每月平均处理 86 000 t 货物的行业领导者。

2010 年浦东国际机场航空货物吞吐量为 323 万 t，其中国际货物 241 万 t，国内货物 82 万 t；PACTL 处理了 134 万 t，其中国际货物 127 万 t，国内货物 7 万 t，分别占浦东机场的 41%、53% 和 8%。

合资三方成功地把 PACTL 建设成为了中国主要的航空货运中心之一，在为实现将上海浦东国际机场建设成为中国主要航空货运枢纽港这一战略目标的进程中发挥了重要作用。

2.1.1 基地航货运站的竞争优势

1999年以前，上海的航空货运业务集中在虹桥国际机场。1998年东航和中远联合组建中国货运航空公司（以下简称中货航），是中国第一家专营国际、国内货邮运输的航空企业。中货航总部设在上海，主营货邮航空业务，经营北美、欧洲、大洋洲等航线，并继续代理东航客机货舱和货运销售业务。

中货航成立当年（1998年），虹桥国际机场总货邮吞吐量57.23万t，其中东航占31.2%，国航、上航、南航共占27.9%，其他航空公司占40.9%。东航约占1/3，在上海的航空货运市场上远远领先于其他航空公司（见图2-1）。

中货航本身并不拥有货运站，由于母公司东航的关系，其租用东航的货运站经营航空货运业务。所以中货航运输的航空货物均由东航货运站处理。藉由中货航的专业运营和东航在上海的基地航空公司地位，东航货运站借助母公司强大的背景和丰富的资源，当年在刚刚起步的上海航空货运行业中占据了优势地位。

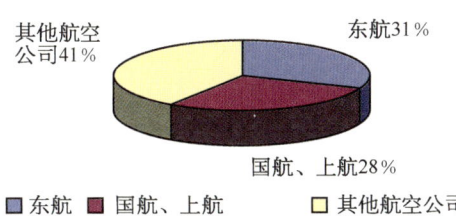

图2-1 1998年上海航空货运市场份额
（数据来源：上海年鉴1999）

2.1.2 上海航空货运业发展潜力巨大

据国家民航局的一项调查数据显示，发达国家外贸进出口额每增长1%，航空货运就增长7%～9%；中国外贸进出口额每增长1%，航空货运就增长2%。另据中国航空工业第一集团公司公布的预测结果显示，在21世纪的头20年内中国航空货运周转量的增长将远远高于客运，年均增长率为11.3%，到2022年将达到439.1亿t·km。

上海拥有良好的区位优势和广阔的长三角经济腹地，航空货运市场拥有巨大潜力。上海机场直接服务范围内的长三角地区经济发达、货源充足，为上海的航空货运发展提供了良好的市场条件。

1995—1998年间，上海的航空货运吞吐量年均增长高达14%，远高于全国平均增长水平。根据《上海市浦东国际机场可行性研究报告》预测，2000年上海地区货物、邮件吞吐量将达70万t，之后2000—2005年将处于快速发展阶段，增长率约15%；2006—2010年仍将保持较高的发展速度，增长率约10%；2011—2019年进入比较平稳的发展阶段，增长率约 5%。

虽然浦东国际机场通航初期多数航空公司的主要业务量仍保留在虹桥国际机场(以下简称虹桥机场),但是随着上海机场的"航班东移"以及国际航班的全部转场,浦东国际机场占上海航空货运市场业务量的比例不断提高,现在已经成为上海航空货运的主导机场。

2.2 PACTL 的投融资模式

随着上海浦东国际机场建设的启动,上海的航空货运迎来了快速发展的新机遇,传统市场格局也酝酿着变数。上海航空货运市场巨大的发展潜力,坚定了上海机场集团投资建造货运站的想法。

初始,机场方对于货运站项目只有一个朦胧的想法,认为市场上只有基地航一家货运站优势经营对整个航空货运市场的发展不利。但是由于机场方自身对航空货运站经营管理的能力和经验不足,所以需要寻找具有经验和技术的合作伙伴。

2.2.1 合作伙伴的选择

因为基地航在上海货运市场的优势地位,机场方首先主动向其提出了合作意向。但是一个市场的优势竞争者通常不欢迎"合作伙伴"加入而分得一杯羹。在基地航方面看来,机场方想与基地航合作搞货运,就是想分享基地航的市场份额。结果双方合作谈判的进程并不顺利,最终不欢而散。

由于与基地航合作谈判失败,机场方开始寻找新的合作伙伴。这时,同属上海市管理的大型国有企业锦江集团旗下的锦海捷亚国际货运有限公司进入机场方的视野。

锦海捷亚创立于 1992 年,是经中华人民共和国商务部、交通运输部(原交通部)、海关总署,中国民用航空局批准的一级国际货运代理企业。公司经营国际国内进出口货物的空运、海运、快件运输代理业务,提供接货、定舱、报关、报检、打板、拆板、仓储、多式联运及综合大型物流等全套服务。总体考察,锦海捷亚应是上海数一数二的货代公司。

在与锦海捷亚接触后,锦海捷亚又向机场方推荐德国汉莎货运航空公司,建议由三方共同合资经营货运站。

德国汉莎货运航空公司成立于 1995 年,总部设在德国法兰克福,是隶属于德国汉莎航空集团的一家独立子公司。汉莎货运航空公司是全球最大的货运航空公司之一。

德国汉莎货运航空公司一直致力于开拓中国市场,对于长三角航空货运市场的前景十分看好。凭借当时良好的财务状况,汉莎货运航空很快决定与机场方、锦海捷亚合作投资经营货运站(见图 2-2)。

2.2.2 PACTL 的股权分配

经过合资三方的协商,PACTL 的股权比例为机场方 51%,汉莎货运航空 29%,锦海捷亚 20%。各股权方按股权比例在合资公司取得营业执照后三个月内一次性付清注册资本共约 1.9 亿元,其中机场集团出资 9 772 万元,汉莎货运航空出资 5 557 万元,锦海捷亚出资 3 831 万元。

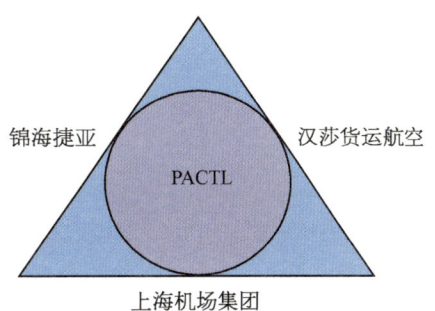

图 2-2 三方合资成立 PACTL

合资公司的法律形式为有限责任公司,各方按出资比例分享利润并以其出资额为限承担责任。合资公司的投资总额为 4.790 2 亿元,具体明细见表 2-1。

表 2-1 合资公司投资总额明细表

项　　目	投资额(万元)
货运站建筑物、设备和场地租金	41 495
筹建期开办费	400
合资公司流动资金	650
前期固定资产投资	5 357
合计	47 902

合资公司根据《上海浦东国际机场货运站建筑物、设备和场地租赁合同》租用机场方投资建设的浦东国际机场一期货运区公共机场货运站建筑物、设备和场地(一期货运站),租金共计 4.15 亿元,租期 20 年。合资公司以注册资本支付租金中的部分费用计 1.61 亿元,租金其余部分约 2.54 亿元由各股东按股权比例以现金借款的方式汇入 PACTL,然后由 PACTL 支付给机场方。但是 PACTL 不承担该借款资金的利息,PACTL 承诺在成立 12 年之内向各股东偿还各家股东现金借款。

机场方通过股权比例划分和资金运作,仅以 9 772 万元的代价获得了 PACTL 股份的 51%,成为 PACTL 的控股大股东。以后的事实证明机场方对 PACTL 的投资相当成功,PACTL 经营业绩优良,其资本金收益率远远高于同期社会平均水平。由于机场方所占股份最多,因而获益最多。而且机场方在投资 4.15 亿元建设浦东机场一期货运站后,马上就通过资产出租的方式从 PACTL 收回了所有的建设成本。也就是说,20 年以后机场方将独自拥有一期货运站的所有权和经营权。

2.2.3　PACTL 投融资模式的意义

在三方签订合资协议之前有一个重要的问题需要解决,那就是合资公司通过政府审批的问题。在 20 世纪 90 年代,我国民航业的政策尚不够开放,机场方作为市政府下属的国有企业,建立合资公司时如果需要发生资产转移,审批手续将相当繁琐,通过审批的难度也将大大增加。

为避免上述问题,上海机场集团创造性地提出了所有权与经营权分离的投融资模式,即采用三方合资成立新公司,PACTL 租用机场集团固定资产经营,货运站所有权不发生转移的模式。在此投融资模式下,机场方投资建设一期货运站,拥有一期货运站的所有权;PACTL 作为中外合资公司向机场方租用一期货运站的设备设施开展经营,向机场方支付租金和特许经营费,只拥有经营使用权而非所有权。这样,三方成立合资公司就避开了国有资产转移等问题,政府审批手续得以简化,成立合资公司很快就得到了批准。PACTL 的投融资模式如图 2-3 所示。

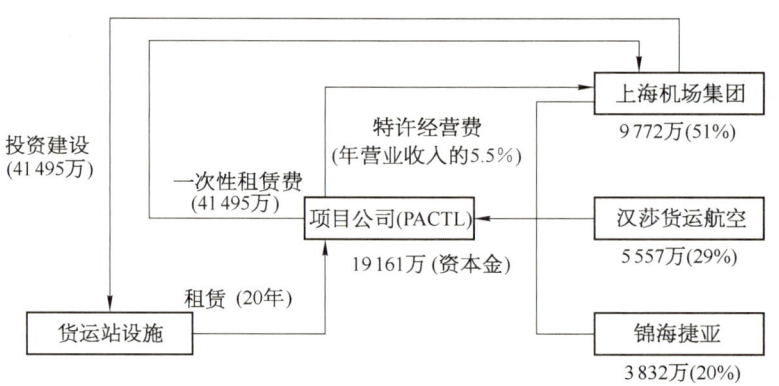

图 2-3　PACTL 的投融资模式

1999 年,上海机场集团、汉莎货运航空、锦海捷亚合资经营的上海浦东国际机场货运站有限公司成立。PACTL 的成立是强强联合的成果,机场方除了是机场地区的"地主"和"东家"外,还代表政府行使机场地区的行政管辖权,具有较好的市场环境和地域优势;汉莎货运航空本身在国际航空货运市场就占有一席之地,合资中它代表了外方先进的管理、技术和生产力,此外还带来了一定的客户资源;锦海捷亚则是货运市场中介力量的代表,在中国的物流

第 2 章　PACTL 的公司治理研究

体制下,货运代理行业拥有巨大的能量。在合资三方的共同努力下,PACTL 掀开了上海的航空货运行业崭新的一页。

2.3　PACTL 的公司治理结构

通过所有权与经营权分离的投融资模式,PACTL 巧妙地解决了通过政府审批的问题。之后面临的问题就是在此基础上,如何构建 PACTL 所有权与经营权分离的公司治理结构。

公司治理结构的关键在于明确而合理地配置公司股东、董事会、经理人员和其他利益相关者之间的权力、责任和利益,从而形成其有效的制衡关系。由投资人(所有者)设计制度,选择合适的代理人(经营者)来委托经营的公司治理结构的问题是现代企业制度的核心。

2.3.1　治理结构设计所面临的问题

PACTL 公司治理结构设计所面临的深层次问题包括两个方面:首先是公司投资人与经理人的关系问题,这主要涉及公司所有者对经营者的监督与激励机制;其次是合资公司三家股东之间的关系问题,这主要涉及公司所有者之间的制衡机制。

1. 所有者对经营者的监督与激励问题

在法人公司制企业产生以前,企业形态以业主制或合伙制的自然人企业为主。自然人企业的显著特征是所有权与经营权高度统一,企业所有者和管理者合一,不存在委托—代理问题。

随着企业规模的扩大和企业所有者人数的增加,企业所有者直接管理企业成为一种成本高昂的行为;同时由于个体之间存在着能力的差异,所有者未必是合格的企业家。因此,从市场上选择一个善于经营的人代表所有者管理企业就是理性的选择,委托—代理关系由此产生,所有权和经营权实现分离。

从经济学角度来讲,由于所有者(委托人)和经营者(代理人)是不同的利益主体,具有不同的效用函数,因此二者之间潜在地存在着激励不相容。而且经营者拥有的关于其自身知识、才能、掌握的机遇和努力程度等私人信息,这都很难为所有者所观察和监督,而理性的经营者又具有偷懒和机会主义动机,因而在所有者与经营者相比处于信息劣势的情况下,必然有委托人对代理人进行监督和激励的问题。

考虑到机场方本身并不具备经营管理航空货运站的专业知识和经验,其初衷也是将拟建货运站交予他人管理,只需保证机场资产能够获利和增值即可。所以未来成立的合资公司 PACTL 势必要引入职业经理人进行管理。因此如何在所有者代表董事会与经营者代表职业经理人之间制定良好的监督和激励的制衡机制是PACTL需要关注的重要问题。

  2. 所有者之间的制衡问题

  在股权高度集中的情况下,大股东有足够的权力控制公司,并通过影响公司的各种决策来为其谋取私利。这种情况下公司面临的主要问题不是经营者与所有者之间的利益冲突,而是大股东与其他股东之间的利益冲突,即所有者之间的制衡问题。这种公司所有者之间制衡不均,造成公司经营困难的情况很多。

2.3.2 PACTL的公司治理结构设计

  企业所有权与经营权的分离导致委托—代理关系的形成并不意味着所有者对公司财产与经营方式漠不关心。相反,所有者为了收益最大化,必须关心生产和经营,要对其代理人进行控制和监督,对其行为进行指导和约束。也就是说要在实行所有权—经营权分离时建立起一个所有权对经营权实行有效控制的机制,这一机制既要最大限度地激发经营者的积极性,又要尽可能地防止经营失控,从而损害所有者的利益。这种机制的安排就是公司治理的内涵,换句话说公司治理结构设计的一个根本出发点就是解决所有权多元化与经营管理一元化的矛盾,即委托—代理的监督和控制问题。

  公司治理结构是由股东会、董事会、监事会、经理层等"物理层次"的组织架构,以及联结上述组织架构的责权利划分、制衡关系和配套机制(决策、指挥、激励、约束机制等)等游戏规则构成的有机整体,如图2-4所示。

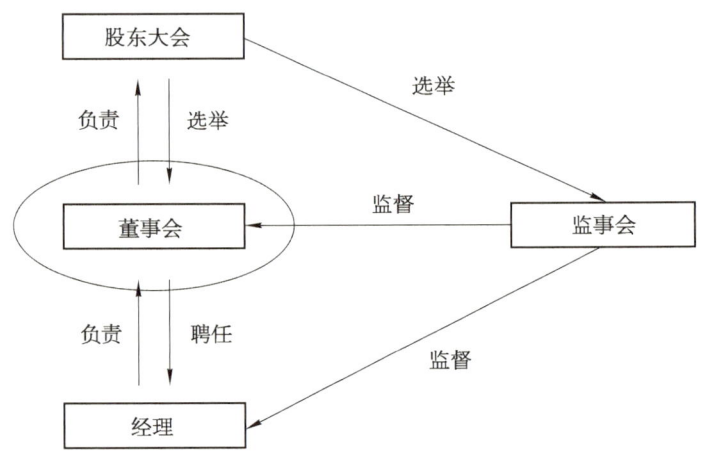

图2-4 股东会、董事会、监事会、经理层等"物理层次"的组织架构图

根据 PACTL 的公司章程,董事会是公司的最高权力机构,决定公司的一切重大事项。董事会由 9 名董事组成,其中机场方委派 5 名,汉莎货运航空委派 2 名,锦海捷亚委派 2 名。董事长由机场方委派,副董事长一名由汉莎货运航空委派。董事长、副董事长和董事任期 4 年,经委派方继续委派可以连任。重大事项须由董事会全体一致通过,其他事项应有董事会 2/3 多数通过。董事会委托职业经理人对企业实施日常管理。公司设立经营管理机构,由总经理负责。PACTL 公司的股权关系和委托—代理关系如图 2-5 所示。

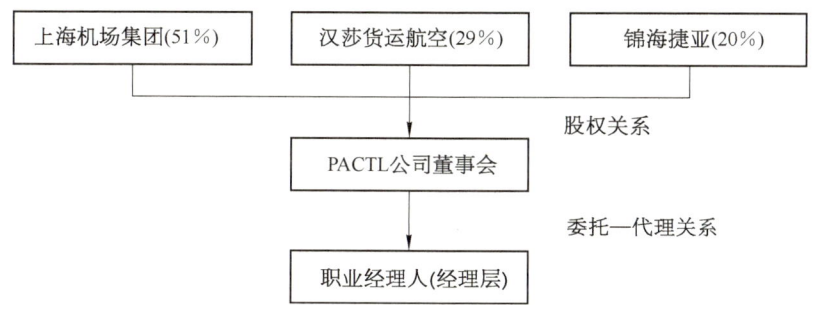

图 2-5　PACTL 公司股权关系和委托—代理关系

可以看出 PACTL 董事会的设计很巧妙,9 名董事的 2/3 为 6 名,但是机场方只有 5 个董事名额,达不到绝对多数的要求。所以一旦遇见大股东可能会对公司形成直接的、不好影响的外部诉求,PACTL 通过董事会的讨论,往往可以形成一种均衡,从而杜绝这些不合理的外部诉求。如此一来,PACTL 董事会就形成了对大股东有效的制约。在此基础上,公司成功与否很大层面上就取决于经营者了。

2.3.3　PACTL 对代理人的激励和约束

公司对代理人激励的目的是使代理人有积极性为投资人的利益而努力工作,约束的目的是使代理人不至于由于自利而损害投资人的利益。为了激励,就要使代理人有职、有权、有利;为了约束,就要使代理人的职位、权力、利益时刻受到监控、威胁。二者之间的制衡成为公司治理结构有效与否的关键。失去制衡的公司治理结构,只有两个结果,一是代理人成为傀儡,二是投资人对企业失控,二者都不利于企业的发展。

PACTL 的公司章程规定,总经理直接对董事会负责,执行董事会会议的各项决议,组织领导合资公司的日常生产、技术和经营管理工作。PACTL 在对总经理的激励和约束上,主要的做法有两点:一是"该给的不少给";二是"不该拿的不能拿"。

"该给的不少给"是从激励方面来讲,具体来讲就是对于职业经理人的薪酬待遇,在聘用之前双方就充分沟通,明确责权利。签约后公司严格执行合同,只要经营业绩符合合同约定,公司就支付相应报酬和奖金。

在聘用PACTL第一任总经理时,薪酬谈判中对总经理的年薪存在一些分歧。商谈中,不同能力的职业经理人展示出不同的薪酬要求。公司经过慎重研究,最后选择了经营管理能力强、具有丰富专业经验的一位职业经理人出任PACTL首任总经理,尽管薪酬要求较之他人高出较多,但实践证明确有所值。在这样的激励机制下,职业经理人努力勤奋地工作,为PACTL带来了巨大的市场,取得了良好的绩效,使投资人的利益得到充分保障。

"不该拿的不能拿"是从监督制衡方面来讲,具体来说就是公司对于职业经理人的工作和业绩,制定有明确的考核要求和约束。对于职业经理人职业道德也非常重视,严禁高层管理人员以权谋私、违法攫取利益。如发现总经理、副总经理等合资公司高级管理人员在其他与本公司利益有冲突或有损公司利益的营业性机构兼职,或参与其他经济组织对本公司的商业竞争行为,或有营私舞弊或严重失职行为的,经董事会决议可以随时撤换。

PACTL"该给的不少给,不该拿的不能拿"这种做法,较好地解决了公司职业经理人激励和监督问题。前者主要侧重于对职业经理人的激励,通过制度和合同保证了职业经理人的正当合法收入,使其能够在工作岗位上安心工作,全心全意为企业发展作出贡献。后者主要侧重于对职业经理人的约束,一方面给予其体面合法的正当收入,从主观上降低了职业经理人徇私舞弊的可能性和动机,另一方面严格公司管理规章制度,从反面提升了职业经理人以权谋私的成本和代价,正反两方面相结合,较好地解决了问题。

反观我国很多知名大型国有企业,公司管理层都先后出现经济问题,其中固然有个人的原因,但是公司治理的不完善,公司对职业经理人的激励和约束机制不健全确是悲剧背后更深层次的原因。

2.4 PACTL中性和独立的公司定位

PACTL从公司成立至今,一直坚持中性和独立的公司定位。所谓中性和独立,不仅是指PACTL作为公司独立法人在法律上的独立性,更重要的是作为一家三方合资公司相对于母公司的独立性,以及市场认同上的中性定位。

根据研究,合资企业由于股权高度集中,往往没有设立股东大会,董事会成为公司最高权力机构。董事会成员和董事长均由母公司指派,所以合资公司董事会容易表现出非独立性,

被母公司主导。由于合资公司的高级经理人员也由母公司指派,导致企业委托—代理关系模糊不清。从公司治理结构的一般委托—代理关系来看,股东大会对董事会是股权关系,董事会对经理层是委托—代理关系。在这两级关系中,委托人和代理人的关系十分清晰,责任也非常明确。经理层对董事会负责,董事会对股东负责。

但合资企业的实际情况并非这么简单。在合资企业中,控股的母公司通常直接任命总经理和副总经理,甚至还直接任命关键部门的经理。虽然这些任命要经过合资企业董事会的同意,但容易成为走形式,从而导致合资企业高级管理人员行为扭曲。一方面合资企业作为独立的法人实体,具有自己的利益目标,因而高级管理人员应对合资企业的董事会负责;另一方面由于控股母公司掌握高级管理人员的实际任命权,因而这些高级管理人员又必须接受控股母公司的指令。当两者发生利益冲突时,代表控股母公司的利益还是代表合资企业的利益就成为一个关键的问题。这使得合资企业的董事会处于一个尴尬的境地,难以真正履行受托人的责任并对经理层实施有效监督。

正是由于传统母公司主导型的公司治理对合资企业本身有着诸多不利的影响,所以坚持与母公司相对独立的中性定位是非常必要的。PACTL 成立伊始,通过董事会的治理、职业经理人的聘用等制度性安排,使公司能够保持股东间的制衡,坚持中性和独立的定位,在经营管理上不受各方面干扰。

首先,董事会作为 PACTL 的最高权力机构,应与股东母公司保持一定的独立性,并在董事会内部形成股东间的制约与平衡。在遇到重大决策时,董事会应做出独立、客观的判断,全面反映和保障股东的利益,而不受大股东的干预。

其次,选择具有出色业务能力和高度责任心的职业经理人团队。对经营层的业绩,应独立于股东母公司,结合 PACTL 的实际经营状况做出评价。评价的结果作为董事会衡量职业经理人绩效的直接依据,并据此做出解聘和续聘经营层管理人员的决策。

具备有秩序、有规矩、能把握正确发展方向,但不会干涉经营层具体事务的董事会,同时拥有一个为企业利益考虑、为企业长远发展着想的职业经理人团队,才能保证 PACTL 的中性和独立,促进企业的迅速成长。

2.4.1 市场上的中性——淡化股东的痕迹

根据航空货运站所有者的不同,其性质可分为中性货运站和非中性货运站。对于非中性的航空货运站,公司所有者出于自身利益趋向容易产生"非中性"的经营服务倾向,对母航空公司或自身代理的货物提供各种便利和特权,久而久之就会损害其他客户的利益,从而不能为市场提供平等、公平的服务。而中性货运站不属于任何航空公司,但服务于所有航空公司;不属于任何货运销售代理人,但又服务于所有货运销售代理人,且中介于航空货运销售和货物承运之间。由于机场方在航空货运行业没有直接利益相关,因此由机场方投资建设的货运站具备成为中性货运站的先天优势。

中性货运站的模式在国外民航机场早已被广泛采用,在国内作为一种新型而有效的组织形式,正逐渐被认识和采纳。由于"非中性"货运站的经营服务有倾向性,容易造成资源重叠投入和严重浪费,因此不适应社会化、市场化的发展趋势,制约了航空货运业整体效益和服务质量提高。中性货运站体现了市场经济条件下社会化、市场化的大趋势,能够促进航空货运产业结构优化组合,降低整体的经营成本,形成规模效益,并进一步促进航空货运业务健康、有序的发展。

PACTL 的目标客户主要是外国航空公司。航空公司之间存在着竞争,而汉莎货运航空是 PACTL 的股东之一,所以可能出现汉莎货运航空利用自己股东的身份对 PACTL 提出某些特别要求的情况;其次,PACTL 的另一大股东锦海捷亚是一家货代公司,货代公司也是 PACTL 重要的服务对象。

通过中性的公司定位能够规避几个股东之间利益的牵扯,对所有的航空公司和货代公司都一视同仁,并且尽可能地满足航空公司和代理人的不同需求,以避免造成服务偏向和货源分流。机场方、汉莎货运航空和锦海捷亚均投资入股 PACTL,共同分享货运站的经营成果,同时又承担经营管理的风险。PACTL 把三者的利益捆绑在一起,从股东内部实现了制约和平衡,保持了中性的特色,从而有效淡化了股东的痕迹。

2.4.2 经营管理上的中性——去除母公司对经营管理的主导和干预

机场方是 PACTL 的第一大股东,占有 51% 的股份,处于控股地位。从机场方角度来看,对 PACTL 的控制性诉求是自然也是合理的。因为只要有投资,不管投资方是企业组织还是政府机构,都会试图实现某种形式的控制。但是对于 PACTL 来说,这种控制并不一定合理。

从 PACTL 的角度来看,公司日常经营管理由职业经理人即总经理负责,总经理对公司董事会负责。总经理绝对服从和执行公司董事会的各项决议和安排。PACTL 职业经理层应对各股东的母公司保持中性和独立,母公司不应也不能直接影响和主导职业经理层日常的经营管理活动。

在 PACTL 董事会的章程中规定重大事项必须要全体一致通过,其他事项 2/3 多数通过。机场方在董事会拥有 5 个席位,离多数通过的 6 席还差一席。因此,如果 PACTL 公司遇到外部主导和控制的要求,提交到董事会讨论,董事会的三方力量往往可以形成一种均衡。所以董事会的治理在一定程度上制约了机场方对 PACTL 的主导和控制。

PACTL 的首任总经理由汉莎货运航空推荐,是一名德国人。聘用德国人当总经理,由总经理掌握公司日常经营管理的实际控制权,包括中层管理人员的任命、关键管理技能和营销网络的投入、预算和资源的分配等权利。通过这一系列安排,PACTL 在公司成立之初巧妙地实现了公司董事会的股权控制与总经理阶层的非股权控制的平衡,有效地解决了母公司主导和控制的问题。

2.4.3 行政管理上的中性——淡化官僚的痕迹

PACTL 的一个重要痕迹是机场方的痕迹。PACTL 的大股东是机场方,而机场方是一个带有很强政府色彩的企业,存在很多行政管理的控制诉求,这些诉求就机场方来说是合理的,但是对于 PACTL 来说并不一定合理,这样就产生了矛盾。于是,PACTL 通过制度安排及聘用外国人当总经理,制约机场方的行政性诉求,实际上对三个股东在制度上都实现了约束,从而有效抑制了机场方的控制欲。

在 PACTL 刚成立的时候,由于企业正处在变化调整当中,官僚体制还没有形成,官僚化的东西比较少,对 PACTL 的影响也相对较少。经过十多年的发展,在公司内部,官僚体制已经在逐步形成,外部也有越来越多的官僚化元素试图影响 PACTL。

总的来说,PACTL 中性和独立的公司定位最大程度上避免了股东,尤其是大股东对公司经营管理的主导和干预;同时使用外国人担任总经理,更容易回避机场方的行政性诉求,淡化机场方的痕迹。其中,选择外国职业经理人或许是个巧合,但中性、独立的公司定位则是一个有意的设计。无论如何正是在这样一种机缘下,PACTL 较好地适应了市场,并迅速成长壮大成为行业领导者。

浦 东 国 际 机 场 货 运 站 规 划 与 运 营

第 3 章

PACTL 的内部管理研究

公司治理结构的建立只是为企业运行机制的高效创造了一种可能、一种制度保证,但公司治理没有也不可能解决所有的问题。因此,加强管理是企业永恒的主题。

公司治理是否规范反映的是股东之间的协调关系和法治意识,而公司内部管理的水平则反映的是经营者的管理能力和努力程度,二者不可偏颇。经常可以看到许多本来可以通过加强管理而提高效益的企业,却一味地埋怨体制不顺;也有许多建立了公司治理结构的所谓现代企业,由于忽视管理而难以走出困境。这充分说明,建立公司治理结构不是万应灵药,可以包治百病。公司治理和加强内部管理共同促进,才是企业走向发展的正确选择。

在中性、独立的公司治理结构下,PACTL加强企业内部的精细化管理,在企业文化、薪酬设计与人力成本、规范化管理、财务预算与绩效考核、服务标准和成本控制、降价策略和应收款管理、公司形象与品牌经营等方面形成了一些好的做法。

3.1 服务型组织结构

民航运输中,和候机楼为旅客提供的登机服务不同,航空货运站为货物提供从陆侧到空侧的转换服务(见图3-1)。其主要业务是对各种空运货物进行地面处理,以及陆、海、空货物的转运,为国内外航空公司、货主及货物代理提供全面的航空货物运输地面服务,具体包括:货物的收发,集装货物的分解、组合、存储;散货的理货、配货、存储;特殊货物、危险物品的处理;集装器的存储及管理;随机文件的处理,各种单据的制作;货物信息准确、迅速的跟踪与物流控制;对在站货物进行各种相应的安全监控;供货主、外航提供代理使用良好的服务设施及必要的工作条件;与各航空公司、机场、海关、联检单位、货运代理之间的各种数据通信等。

PACTL作为一家专业的货物处理服务企业,依据国际航空运输协会(IATA)标准地面处

图 3-1 旅客与货物登机的不同流程

理协议,主要为各航空公司、货代公司和货主提供以下服务:

- 进出港、转运及货物和邮件的处理;
- 特种货物处理(危险物品、贵重物品、活动物等);
- 单证处理;
- 货物查询;
- ULD 控制;
- ULD 板/箱处理;
- 海关监管;
- 中转货联程服务(卡车航班);
- Consol 分运单提货(程序、申请表、印章);
- 当年航班时刻表;
- 根据客户要求的其他服务。

PACTL 的经营原则是为各航空公司、货运代理公司和货主提供公平、优质的中性服务。本着这一原则,PACTL 借鉴了国际上大型机场货物处理的先进经验,充分发挥各投资方在货运经营管理、服务等方面的优势,向国际国内航空公司、货运代理公司和货主提供优质服务,体现浦东国际机场"一流管理,一流服务"的宗旨。

PACTL 的经营宗旨是发挥各投资方在货运服务、管理、市场等方面各自的优势,本着中性原则,为各航空公司、货运代理公司和货主提供进出港货物、邮件在浦东国际机场货运站的处理服务,以促进货运服务质量的提高,并给合资各方带来满意的经济效益。

PACTL 的使命为:创造利润,保证股东投资的回报;建立并稳固长期的客户关系,以高质量的服务来满足客户的需求;履行社会责任,确保稳定的服务与运行;融合中西方管理的优点,强调员工的发展与提高;通过内部和外部质量监督制度,保证达到安全的最高标准,在亚洲名列前茅。

PACTL 旨在为客户创造竞争优势和将货运站建成世界一流的货物处理企业,了解和掌握每件货物的特殊处理要求是公司维系与客户的合作关系和把握货运站未来发展的重要保证。

为了构建一个以客户服务为导向的、高效精简的组织结构,PACTL 减少了冗余的机构设置,按小企业的模式运作,组织结构非常精简,从制度上避免官僚化(见图 3-2)。

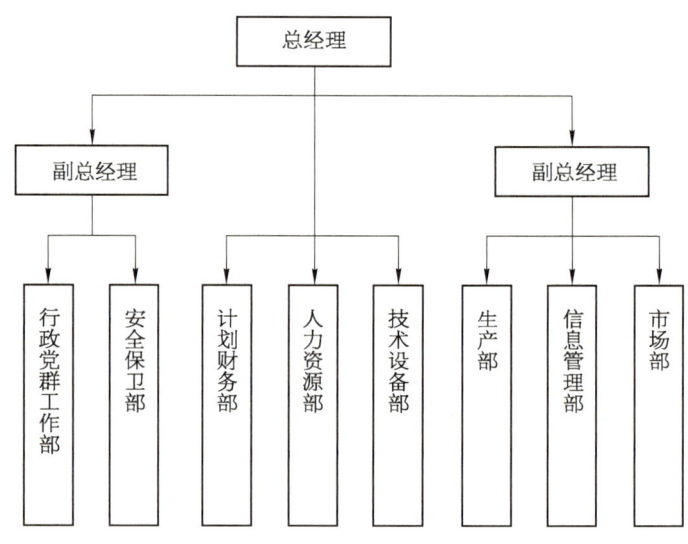

图 3-2 PACTL 的职能部门组织结构图

董事会作为 PACTL 的最高权力机构,决定合资公司的一切重大事项。董事会下实行总经理负责制,委托总经理负责公司的日常经营管理工作。公司设总经理一名,副总经理两名,三家股东分别推荐其中一名,由董事会聘任,任期 4 年,可以连聘连任。首任总经理由汉莎货运航空推荐,首任副总经理由机场方和锦海捷亚各推荐一名。设计划财务主管一名,由机场方推荐。

公司组织结构采用直线职能制,设有 8 个职能管理部门。总经理直接管理计划财务部、人力资源部和技术设备部；一位副总经理主管行政/党群工作部、安全保卫部；另一位副总经理主管生产部、信息管理部和市场部。副总经理向总经理汇报工作，总经理向董事会汇报工作。

总经理直接对董事会负责，执行董事会的各项决议，组织领导合资公司的日常生产、技术和经营管理工作。副总经理协助总经理工作，当总经理不在时，根据总经理的授权代理行使总经理的职责。公司日常工作中重要问题的决定，由总经理召集总经理办公会议讨论决定后签署生效。各职能部门经理分别负责企业各部门的工作，办理总经理和副总经理交办的事项，并对总经理和副总经理负责。

PACTL所设8个职能管理部门的职能分别是：

(1) 行政/党群工作部的部门主要职能是负责公司规章制度的制定与执行，公司行政性的日常事务，以及人力资源的安置、发展、评估与管理。下设总经理秘书和办公室两个科室，设有部门经理1人。

(2) 计划财务部的部门主要职能是负责公司中长期发展规划、年度生产经营和财务计划的制定，以及公司财务、核算管理、财务制度的实施。下设财务办公室、出纳、结算办公室三个科室，设有部门经理1人。

(3) 人力资源部的部门主要职能是负责人事招聘、员工培训。下设培训助科室，设有部门经理1人、副经理1人。

(4) 市场部的部门主要职能是负责航空货运相关的市场预测、开发、相关合同草拟，以及客户售后服务。下设市场开发室、客户服务室两个科室，设有部门经理1人。

(5) 生产部的部门主要职能是负责进出港货物、邮件的处理，包括收货、交接、过磅、仓储、装拆板箱及ULD管理，以及与货邮处理有关的其他服务；并负责制定和修改地面操作服务手册。下设进口、出口、陆路运输国内特殊事项三个科室，分别处理国际进口、国际出口、国内运输及中转货物。设有部门经理4人。

(6) 安全保卫部的部门主要职能是负责货物和飞行器的安全。下设办公室，设有部门经理1人。

(7) 技术设备部的部门主要职能是生产设备、工艺设备、楼宇设备的采购、维修、管理，公司信息资源与网络系统的开发、配置、管理，提供安全生产的技术保障。下设办公室、计算机监控室、设备监控室、电工维修间四个科室，设有部门经理1人。

(8) 信息管理部的部门主要职能是负责公司操作管理系统以及相关设备的维护工作。设有部门经理1人，主任1人。

3.2 职业经理人与企业文化

PACTL中性和独立的公司治理结构较好地适应了市场。当公司治理结构稳定后,公司成功与否在很大层面上取决于企业经营者(职业经理人)的好坏。PACTL对聘任的职业经理人,并不要求有很大的事业成就感,但是要有"来打一份工"的自我定位,把它当作一份职业。"在其位,谋其政",到岗位上工作,就要对岗位负责。

3.2.1 职业经理人的特点与能力

职业经理人是连接董事会与客户的桥梁。公司的原始投资来源于董事会,公司的利润来源于客户,而职业经理人就是实现从投资到利润的整个过程。在把公司的章程原则落实到工作实际的过程中,职业经理人扮演着相当重要的角色。保证公司按规则做事,对外树立一个透明规范的形象,对公司争取和维持客户十分重要。

中国职业经理人联合会对职业经理人的定义是:具有良好的职业道德、专业的经营管理知识和良好的经营管理能力,为企业提供管理服务,经营业绩突出的职业化的企业中高层经营管理人员。从这一定义不难看出,职业经理人最首要的素质就是职业道德,此外还必须拥有专业的知识和很强的业务能力。

PACTL在寻找总经理人选时,也是以职业道德和知识业务能力为主要的衡量标准。为了制约机场方对公司的主导,在PACTL成立之初公司章程特别约定公司第一任总经理由第二大股东汉莎货运航空公司推荐,巧合的是汉莎正好推荐了一位德国人。之所以强调巧合,是因为在当时的环境下,他的出现可以说是为PACTL度身定做,无论从职业道德还是从业务能力上看,他都是总经理最合适的人选。

从职业道德上来讲,PACTL的这位首任总经理非常优秀。他是一位非常典型的德国人,性格严谨、强调原则、重视职业道德,受过专业经理人教育,属于西方精英职业经理人阶层。PACTL很多规章制度都是由他一手建立起来的。在来PACTL之前,他在汉莎货运航空工作了很长时间,刚刚结束在美国的工作。

从业务能力上看,他管理过很多货运站,在货运站经营管理方面有相当丰富的经验,对业务非常熟悉和精通。这样的人才在1999年我国航空货运量十分有限的环境下是很难得的。在日后的经营管理实践中证明,他对业务轻车熟路,对客户和航空公司的需求也十分了解。当时上海的航空货运市场主要客户都由基地航代理,机场方没有自己的客户,他的到来还可以给 PACTL 带来新的市场和客户。

3.2.2 职业经理人对保持 PACTL 中性和独立的作用

职业经理人在保持 PACTL 中性和独立上发挥着重要的作用。根据研究，一般来讲，在合资公司，总经理的实际控制力要大于董事长。换句话说，也就是总经理实际上要比董事长有实权。这种控制的权力主要体现在总经理负责公司的日常经营管理上，拥有一线的人事、财务、资源分配和调拨的权力。

从 PACTL 的董事会成员构成看，第一大股东机场方的席位是最多的，公司董事长也由机场方直接委派，可以说机场方对 PACTL 董事会有很大的影响力。德国总经理将西方的企业文化引入 PACTL，很好地中和了机场方比较强烈的控制欲望和官僚色彩，带领 PACTL 从襁褓中的婴儿快速成长为行业领导者，塑造了良好的企业形象和口碑，也在公司内部留下了很深的企业文化烙印。

PACTL 公司第二任总经理为中国人，由机场方推荐。第二任总经理也是一位非常优秀的职业经理人。这时的 PACTL 已经是国内货运站行业公认的领导者，企业内部管理和中西融合的文化都已经基本成型，成为一家成熟稳定的公司了。第二任总经理接任后基本是"萧规曹随"，维持了前任对于公司经营管理的总体安排。从对企业负责的角度出发，在与母公司机场方的关系上，总经理加强了沟通和汇报，但尽量保持 PACTL 的中性和独立。对于机场方的行政性诉求和控制，PACTL 尽量予以回避。

总体来说，PACTL 成立以来的先后两任总经理都致力于维护公司的中性和独立，这也是合资企业健康发展的重要前提条件。在公司尚在婴儿期和未成熟阶段，首任总经理建立了公司的内部管理体系，并引入了先进的工作文化和氛围，为中性、独立的治理结构奠定了良好的基础。公司进入正常的经营轨道后，第二任总经理没有理由也没有必要去改变公司中性和独立的定位。

3.2.3 非中性交换条件的代价

由于 PACTL 在经营管理上保持中性和独立，很少动用机场方的资源和相关背景，这对 PACTL 有不利的地方，即难以集中足够大的力量与庞大的竞争对手抗衡。基地航货运站可以运用其他方式去和客户打交道，比如利用母公司的资源来解决很多问题，而 PACTL 则没有这样的交换资源。但是 PACTL 也减少了对母公司的依赖，同时避免了交换条件需要付出的代价，比如接受母公司在经营管理方面的行政诉求和官僚化。

这种交换会潜移默化地对企业经营管理和长远发展产生不利影响,久而久之就会使企业慢慢丧失中性和独立性。所以从可持续发展上来说,母公司提供的交换条件是具有隐忧的。PACTL尽管不是那么容易在市场上获取到足够的客户,但是仍然没有指望依靠几家股东来帮忙解决,而是依靠自身的努力去赢得市场和客户。

3.2.4 职业道德教育

PACTL在员工职业道德教育方面是比较成功的。目前,上海的航空货运行业的从业人员,大约三分之一都曾经在PACTL工作过,这是一个骄傲,同时也是一个遗憾。这说明其他企业比较认可PACTL的职业道德教育。如果员工在PACTL工作过一段时间,其职业道德教育就已经完成了。新员工在PACTL工作三年后,职业道德素养就基本达到了行业要求,因为职业道德素养如果不合格,肯定早就被PACTL淘汰了。

所谓职业道德主要指同职业活动紧密联系的符合职业特点所要求的道德准则、道德情操与道德品质的总和。职业道德既是对员工在职业活动中行为的要求,同时又是职业对社会所负的道德责任与义务。PACTL格外重视员工的职业道德。虽然公司对员工行为有严格的约束,但管理措施并不是越紧越好,在管理中应该注重培养员工的职业道德,从而形成软管理。PACTL要求在企业中,工人就应该有工人的样子,必须做好工人职责范围内的事情,这是最基本的,而其他事情不要求工人去做;管理人员应该有管理人员的样子,必须做好管理者职责范围内的事情。简而言之就是工作未必是事业,但一定是工作。

PACTL对凡是涉及员工偷窃、向顾客收取好处费等职业道德方面的问题,处理从不手软,一律开除。由于公司一直严格执行纪律规定,所以员工纪律较好,公司较少发生丢东西的问题。与竞争对手相比较,PACTL因偷窃产生的损失不足竞争对手的十分之一,比如对方丢100元,PACTL可能只丢5~6元。而且PACTL的偷窃案件总数比同行低不少,经了解原因是PACTL总是有案必报,再小的案件也要严格查处。

同时PACTL建立黑名单制度,比如某人在PACTL有过偷盗行为被开除后,PACTL将此人列入公司黑名单。虽然这个小偷没有被公安机关处理,甚至可能去其他公司找到工作,但PACTL将永远封杀此人。别的公司若使用这名有偷盗纪录的员工进入PACTL管辖区域工作将会被拒绝。

PACTL的竞争对手一般是晚上12点关门,第二天早上6点开始营业。但是PACTL是采用三班倒,24小时运转。夜间工作较忙,但是公司里找不到一张床。因为晚上的夜班工作8小时就是8小时,公司严格执行,并不要求员工额外义务加班;而如果员工上夜班时在床上

睡觉休息,那就属于在工作时间睡觉了。

此外,PACTL 也不安排公司领导值夜班。原因是现场有管理人员值班,其职责就是处理各种突发问题,领导没有必要值夜班。领导值夜班,如果不懂现场处理,那就是浪费资源,完全没有必要;如果懂,那就会造成多头指挥。因为现场有合格的值班人员,领导值夜班代为处理就是越俎代庖、职责不分。比如香港机场也实行领导不值夜班,有一次现场出现事故,有人找到机场总裁,总裁说"这不是我处理的事,应该由某负责人具体处理"。这就是与国有企业不一样的企业文化。

3.2.5 融合中西的企业文化

PACTL 的很多成功经验,竞争对手都可以学习和复制,短期内就可以做到。例如聘请优秀的职业经理人来管理公司,或者请外国人都行。那么竞争对手比较难学习和复制的 PACTL 的优势是什么?结论就是企业文化。

不同的企业背景不一样,企业文化就不同,所以很难找到可以推广的文化,也没有可推广的文化。而合资企业中外双方的企业文化肯定有差异。外国投资方由于受本国企业文化的长期影响,在工作方法、处理问题的态度上往往比较直接、明了;而中方投资方因为长期处在中国传统文化的熏陶下,处事比较含蓄、婉转,两者文化具有一定的差异。这种差异在公司治理上表现为:从董事会到经理执行层,从执行层到公司员工,不同层面的人员受母体文化影响较大,使得管理的重点、工作的方法、沟通的方式不一致,造成企业信息不对称,进而影响企业经营效率,并最终影响合资企业的整体发展和正常经营。

PACTL 本身是国际化和本地化互相结合的产物。现代企业需要国际化,但国际化也有适应本地水土的过程。国际化和本地化如何结合,存在方式和方法的问题。PACTL 正是在国际化和本地化的结合过程中,形成了融合中西的企业文化。

1. 自信和健康的民族情绪

作为一家中德合资企业,PACTL 不可避免地面临如何应对中西方文化冲突的问题。有的国人民族情绪相对比较狭隘,老是认为外国人搞殖民主义,很多小问题都容易牵扯到民族大义,其实有时这也是一种自卑心在作怪。实际上外国人到中国投资做生意赚钱,获得高额利润是非常自然的。如果外国人赚不到钱,那么他只能承认失败,也不再会来中国投资了。狭隘的民族情绪很重要的历史背景就是中国在 19 世纪以来长期落后挨打,总觉得被人欺负,这种民族情绪不利于和外方沟通相处。

中国人应该有自信心,应该按照国际公认的规则参与游戏、参与竞争,最终证明自己。比如中国人到国外大公司工作,刚进去的时候总是担心被人看不起,主观臆想觉得外国人把人分成三六九等,很排外。结果越担心别人看不起自己,工作就越做不好,而自己工作带有情绪,也无法做出成绩证明自己。其实应该反过来,放开手脚自然面对,自己先认可自己,该怎样就怎样,充满信心地投入工作,最后工作反而做得很好,得到公司承认。

2. 职业经理人带来的融合中西的企业文化

PACTL 的首任德国籍总经理是一位非常优秀的职业经理人。在业务操作方面,他提倡公平服务,认为所有客户没有区别,都是一样平等;强调股东回报,认为职业经理人就是为股东服务的,必须对董事会负责,对公司负责,所以很严格地控制公司的成本,尽量创造更多的利润。同时因为在美国长期工作的原因,他性格也相对开明,也能结合中国的实际情况制定一些本土化的管理措施,可以说正是他一手缔造了 PACTL 融合中西的企业文化,下面的案例反映了他带给 PACTL 的企业文化和管理风格。

案例 3-1　PACTL 首任总经理的企业文化

关于员工福利。德国的工会很强大,德国总经理也知道工会是得寸进尺的,所以他总是很严格地控制人力成本,能少给一点就少给一点。有人觉得这是外国人的殖民心态,剥削,压迫,想拿走一切。反过来,德国总经理也在思考为什么要给?是不是给少了?这人有留的价值吗?公司招得到人吗?

关于高峰时间段卡车需要排队。公司绝对没有后门可开,所有客户都得按规矩排队等待。那些想走交情的去找人帮忙,结果遇见德国总经理守在那里,德国人出了名的固执、不讲人情,最后只好不了了之。而且谁开后门谁讲交情就开除谁,一点都不手软。结果久而久之,客户发现 PACTL 公平、严格,替客户省事,反而节省了交易成本,也更愿意来 PACTL。

关于防暑降温费。按照中国人的习惯,每年夏天都要给员工发一笔防暑降温费。这笔钱本身的目的已经不重要了,在员工心中这就是一笔福利,一笔预期中的收入。在 PACTL,凡是在室外无空调环境下工作的员工都予发放,但是在空调房间工作的员工都不发,因为德国总经理认为既然已经享受空调,那就不需要防暑降温费,这笔钱在公司的空调费用里已经支出。虽然很多人对此不理解,但是这样做也有一定的道理。如果在空调环境中工作的人还需要发防暑降温费,那么对于在室外无空调环境下工作的员工来说是不公平的。

关于价格谈判。中国人进行价格谈判经常是讨价还价,不管三七二十一地没有底线地谈,谈到哪里就算哪里;外国职业经理人会报一个相对有底的价格,提出各种理由稍微讨价还价,但是有限度。总体来看中国人经商是用心的,竞争非常激烈,但缺乏传承;外国人更重视商业传承,一代代传承下去,目光更为长远。

关于预防官僚化和权力寻租。在中国,某些实权部门很容易产生权力寻租。对于 PACTL 来讲,一方面是企业规模越来越大,应该加强控制,另一方面是一旦控制又要杜绝权力寻租和官僚化。德国总经理对于这点很清楚,虽然公司年收入十几亿员工几千人,但一直都将 PACTL 当作小企业来管理。从组织结构上减少机构、精简人员,使公司逐步发展起来,塑造了 PACTL 较好的口碑和形象。

3.3 薪酬设计与人力成本

PACTL 为员工提供合理的、有竞争力的薪酬。公司的薪酬体系来源于大股东机场方,初始设计比机场方薪酬都高。后来合资三方沟通后做出修正,调低了标准。调低薪酬的出发点是保持一个有竞争力的收入,没有必要去保持一个很高的、对员工来说好得不得了的收入。总体来说 PACTL 在制定公司员工薪酬时的考虑是中庸的,不是很高,也不是很低;没有机场方高,也没有理由和必要太低,目的就是保持合理、有竞争力的薪酬标准。虽然 PACTL 的薪酬体系低于机场方,但是放在同地域、同行业内来看,还算是体面、过得去的收入。这套中庸而有竞争力的薪酬体系,有效保证了 PACTL 人力资源的需求和人员结构的稳定性。公司每年的员工流动率只有 3%~5%,低于同行业平均水平。

PACTL 目前共有员工 2 100 多人,其中劳务工 1 700 人左右,占 81%;正式工只有 400 多人。除了收入外,公司对待劳务工和正式工没有区别,并不像"血汗工厂"那样不准上厕所、监视工作等。招收大量生产一线的劳务工主要还是从人力成本上考虑。因为 PACTL 的工资设计还是比较有竞争力的,如果不使用劳务工,公司人力成本会增加很多。

PACTL 招聘一个劳务工每年除了需要支付该名工人的所有工资收入外,还要额外支付给劳务公司管理费。公司根据市场需求来制定不同劳务工的待遇。一般来说工作 3 年以上的劳务工,年收入在 3 万元多,新的劳务工年收入在 2.5 万元左右。生产一线员工的这个收入不算很高,只比市场平均水平略高一点,但是还算过得去,能留住人。公司劳务工主要分三种:第一种是库区操作工人,是劳务工中工资最高的,月收入 2 000~3 000 元不等;第二种是禁区保安,主要负责站坪和货库区域,月收入 1 000~2 000 元不等;第三种是外围保安,主要负责停车场、办公室等,月收入 1 000 元左右。虽然 PACTL 支付给劳务工的工资不高,但是能招到工人,而且从没有出现大规模的流动,所以说明公司制定的薪酬体系还是基本合理的。

当然这也跟劳务工所在岗位技术要求不高有很大关系。

PACTL 的 400 多名正式工人均年收入约 7 万元,包括四金和所有其他福利,每年拿到手的实际收入 5 万元左右。随着人力成本不断增长,PACTL 对正式工的指标管理越来越紧。比如公司以前每 3 个中层干部合用 1 部小轿车,配 1 名驾驶员,共有 10 多个驾驶员。后来慢慢 1 部车变成 2 个人合用,最后就 1 个人用了。如果再恢复成 3 个人用,那么这个用的人肯定有意见。所以公司索性搞车改,把车处理掉,中层干部不再配车而直接发放交通补贴,把驾驶员也慢慢淘汰掉。目前公司驾驶员只有 5 个,两年内还将退休 2 个,最后基本就控制在 2~3 个人。

2008 年,PACTL 忽然有一批员工同时辞职,公司了解到是一家大型物流企业在上海成立了新的转运中心需要人手,所以从 PACTL 挖走了这些员工。公司很重视此事,为此还对公司的薪酬体系重新进行了评估。结论是这些员工离开的主要原因不是因为报酬。辞职的人中绝大多数是劳务工,正式工只有 1 人。这家大型物流企业直接和工人签订劳动合同,不存在劳务工,所以这种"挖墙脚"对 PACTL 的劳务工还是很有吸引力。走的那个正式工在 PACTL 只是一个普通员工,到了新公司直接当上了领班,是因为上升空间的问题离开的。

除了招聘劳务工,公司为了节省人力和成本,还将日常停车管理、内保管理和卫生清洁等业务分包给专门的物业管理公司。所有分包单位的工作内容都是包干的,包括厕所用纸之类全部由分包单位承担。

(说明:上述工资数据为 2010 年情况。)

案例 3-2　PACTL 特殊的机场方老员工

PACTL 正式工里还有一批从机场方过来的老员工比较特殊。这批老员工是 PACTL 成立之初由机场方派出的。他们刚刚到 PACTL 工作的时候期望值很高。他们容易站在自身的角度来考虑薪酬,觉得自己在企业内应该获得更好的待遇。这种想法和行为对企业经营发展带来了负面的影响。

为此 PACTL 和机场方进行了协调,明确这批原来机场方的老员工要么回机场工作,与 PACTL 脱离关系;要么继续在 PACTL 工作,与机场方脱离关系。留在 PACTL 的员工以后就必须严格执行 PACTL 的规矩,最后有 10 个人留在了 PACTL。后来这 10 个人觉得不平衡而想不通,慢慢产生了情绪。PACTL 的处理方式就是"要么跟着回机场去;要么就安心留在公司。回机场,公司没意见还要开欢送会。公司的决定并不针对任何个人,没有和个人过不去的意思"。

通过这种方式，PACTL明确了公司内部机场老员工和一般员工同样的薪酬，没有任何特殊待遇。直到最近几年，公司首任总经理德国人退休了，第二任总经理由机场方推荐过来。第二任总经理在PACTL只拿名义工资，实际由机场方给总经理发工资，所以机场方每年额外多给总经理发一部分工资，由总经理分发给10个机场老员工作为机场的额外补贴。这件事情未必合理，但是国有企业制度下就是这个规则。而且这笔钱不由PACTL支出，完全由机场方面负担，所以公司其他员工对此也没有太多意见。

3.4 规范化管理

PACTL在服务上最著名的就是按规则办事。公司实行规范化管理，没有任何后门和捷径，严禁违反规则运作。公司生产部一直聘用德国人任部门经理，德国人做事一丝不苟，特别强调按规则做事，从不讲交情。时间一长，客户都会渐渐习惯按规则办事，业务处理效率得到很大提高。PACTL的商业规则透明和持久，为客户节约了时间，降低了交易成本。

3.4.1 对操作手册的理解

很多人到PACTL参观访问时会说，"把你们公司的操作手册给我看看"。在他们看来，企业规范化管理就要有操作手册之类的，企业有了操作手册才算是规范化管理，这其实是一个理解的误区。

PACTL没有操作手册，也没有要求去制定操作手册。PACTL制定操作手册无非两个目的：一是客户要用，这就必须要做；另外就是应付检查，方便外部的人学习参观。许多人认为做了操作手册好，其实很多企业完全不是按操作手册来实际执行的，操作手册就是一个摆设。

而PACTL不制定操作手册主要是因为两个原因：一是制定操作手册需要投入很多资源，花费相当多的人力、物力，特别是人力，而且维持操作手册的成本更大；如果不维持操作手册，那就是一个没用的摆设，也就没有必要制定。二是客户没有这方面的需求。需要制定操作手册的多是制造业企业，与出售的机器设备配套使用。因为制造商将机器设备售出，买方需要掌握设备性能，各种高精仪器仪表使用不能出现差错，必须有操作手册配套。例如波音公司生产制造飞机一定有操作手册，飞机如何使用、保养以及有什么隐患要通告，所有用户都需要通过操作手册来实现，否则飞机这么贵重的产品波音公司根本卖不出去。操作手册就是波音飞机成本的一部分。

而对于PACTL来说，操作手册的成本没有计算在公司成本内，属于收不回的成本。如果一定要制定操作手册,那么这部分成本肯定也要转嫁给客户承担。

3.4.2 对规范化管理的理解

PACTL 的规范化管理没有采用操作手册,使用的是指导文件(leading files)体系。在生产管理信息系统中,每一个作业的基本流程都作为指导文件存储在系统里,日常工作中必须也只能严格按照指导文件的步骤在电脑上操作。

对 PACTL 来说每一家客户航空公司的需求都不一样,用一本操作手册来满足所有航空公司的需求是不现实的。目前 PACTL 共有 35 家航空公司客户,其基本需求明确就是 Cargo 2000 标准。采用 Cargo 2000 标准完全符合中国和美国法规,也符合国际惯例;而针对不同航空公司客户特殊的需求,PACTL 就通过指导文件来实现,例如有什么规定,哪个环节多一个文件或少一个文件,哪个时间点不一样等。

操作手册一类的规范化文件是政府管理部门或者外部来 PACTL 学习的人最喜欢提及的。目前已经形成一个概念性错误,认为规范化管理就要用操作手册,而不考虑企业的实际情况,走入规范化管理常识性的误区。所以操作手册问题体现出 PACTL 与其他企业在规范化管理上完全不一样的理念。

3.5 财务预算和绩效考核

3.5.1 保守的财务预算风格

PACTL 很重视预算,管理层财务风格倾向于保守,通常会在正常年度财务预算下做出一部分保留。如果预算定得过高而没有完成,公司经营管理层需要向董事会做出解释,做这种为什么失败的解释很困难。如果预算定得较低超额完成,做出为什么成功的解释就要容易很多。即使超过幅度很大有时达到 5%,解释起来也没有问题。因为所有情况在制定预算时都事先考虑过,什么原因导致增长、什么原因导致降低一目了然。

有的企业预算也定得很低。年度"运气好",企业没有生意,收入很低,结果预算准了;有生意的话就"运气不好",预算不准。这种情况就变成公司财务人员靠运气来控制预算了。所以说同样都是低预算,财务管理水平不一样、出发点不一样,差别就很大。

3.5.2 对绩效考核的认识

PACTL 认为对工作应该有考核。目前一些管理绩效考核体系都很不错,指标都制定得

很好,但 PACTL 执行考核很慎重,尤其在考核指标与薪酬待遇挂钩的问题上很保守。

一方面是因为指标很难做到完美无缺,很可能存在漏洞。有的指标,比如针对客户服务的指标比较简单,没有负面的效果。有的针对内部管理的指标,会引导员工的工作方向、工作投入,一旦引导错了,要纠正回来就非常麻烦。

另一方面是因为公司管理层认为即使指标定得很好,也很想做好,但是真正操作考核的人达不到相应的水平,指标考核就容易出现问题,效果也不会好。操作层的人和部门有权之后,就容易权力寻租,最后就导致出现偏差。这是一个企业大了要怎么控制,控制了又怎么防止官僚体制的艰难问题。其中要求公司领导一定要保持头脑清晰,这样才能控制得住。

如果贸然将指标用于企业内部考核并与薪酬关联,马上就会引起企业员工的工作方向和努力投入的程度发生重大转变。一旦出现偏差将给企业带来巨大风险和麻烦,要调整回来非常困难。所以 PACTL 虽然也制定了一套关键业绩指标考核体系,但是考核指标基本上都是空转,仅供参考,不跟薪酬待遇直接挂钩。

3.6 成本和服务标准的控制

市场经济中追求盈利的经济性诉求是企业立身之本,即企业应保持优势竞争力去获取更好的业绩和更多的利润。低成本是 PACTL 成功的一大法宝。PACTL 严格控制成本、小心支出费用,避免滥支成本。因为成本增加容易,但是收缩非常困难,正和"由俭入奢易,由奢入俭难"是同一个道理。

企业希望低投入高回报,但是投入过低又会影响服务客户的质量。所以企业必须要在服务标准和成本之间找到一个平衡点。PACTL 在尽可能降低设备设施投入和减少办公成本的基础上,争取为客户提供优质的服务,实现了以最小的投入为股东获得最大的产出。

3.6.1 设备设施和办公成本的控制

PACTL 采用实用、经济、成熟的设备,而不是盲目追求先进。实用、经济是采购设备设施的第一原则;成熟的设备使用中能保证稳定性和安全性,维护成本低,从另一个方面也体现了实用和经济性。PACTL 在库区里使用无线 RFID 系统,基本实现了无纸化办公。每一单货物在什么位置、是什么人在什么时间操作的都清清楚楚,这对于提高客户效率很有帮助。但是另一些先进的系统比如全覆盖视频监控系统 PACTL 就没有采用,因为货物仓库与普通超市在这方面的需求不一样,没有必要增加额外的投资。总体而言就是实用又成熟的设备就使用,先进但不实用的就不用。

PACTL 对公司办公成本控制也很严格,节省是公司的传统和习惯。整个公司一年招待费才几十万,所有材料的打印纸张都是用双面的,业务科室作废的纸张不碎掉拿到后勤支持部门继续使用。在 2008 年国际金融危机的冲击下,公司对办公成本控制更加严格。由于本来就很节省,虽然进一步也省不了多少钱,但是给员工传达一种信息:危机到了就要勒紧腰带过日子。

公司会议室和领导办公室装修风格简约,内部会议室四张桌子简单拼起来就可以开会;接待客户的会议室相对舒适些,但绝不豪华。办公楼角落里的房间、没有窗户的房间都是公司自己使用,好的房间都给客户用。PACTL 派人参加国际会议、采纳他们推荐的新标准等,PACTL 都要评估其商业价值,考虑其有没有给客户和企业增值。因此很多客户称赞说"与 PACTL 合作很放心"。

3.6.2 质量指标的控制

PACTL 运用先进的技术和信息处理方法,不断优化货物处理程序及信息流通程序。鉴于快捷和高效是物流业成功的重要因素,PACTL 结合国际运作标准,确定了企业服务标准,见表 3-1。为了提供和保持最优质的服务,PACTL 确立了有效的程序控制和改良机制,实时监控质量指标并每月定期对外公布,以便于不断地检验和改良货运站的运作。

表 3-1 PACTL 的质量指标

质量指标	服务标准	含义
交货卡车排队时间	30 min	从发出收运处门牌号到将其收回的时间
进港货物可交接完成时间	30 min	从收件人将交接单递交给进港柜台到第一批货物准备好交接的时间
进港普货分解理货时间	6～8 h	从空侧收到最后一件到完成普货理货及信息输入的时间
进港鲜活货分解理货时间	3 h	从空侧收到最后一件到完成鲜活货理货及信息输入的时间
进港快件分解理货时间	90 min	从空侧收到最后一件到完成快件理货及信息输入的时间
进港整板货可交接完成时间	60 min	从空侧收到整板货到完成理货及信息输入的时间

表中进港普货分解理货时间指标为 6~8 h，这是 PACTL 从人员设施均衡生产出发，综合成本和服务质量考虑确定的。一些小机场就很难理解，他们觉得 6~8 h 太慢，说"我们那里 2 h 就能处理好把货发出了"。其实是处理方法不一样，PACTL 一年要处理 100 多万 t 的货运量，货物都是分单按顺序处理的，不可能保证货物一到就能马上处理。而小机场一天可能只有一个航班，货运站的人全副武装一直等着处理这单货，所以进港时间快。

3.6.3 控制比例和差错率

服务标准还存在一个控制比例的问题。例如交货卡车排队时间不超过 30 min，公司保证 95% 的客户等待时间不超过 30 min。因为在进出口旺季、高峰点时交货卡车肯定是要排队的，而且无法保证所有的客户都能在 30 min 内完成交货；因为保证 95% 不超过 30 min 和保证 100% 不超过 30 min 对设备设施的要求完全不一样。如果设备设施的规模都按照旺季高峰期设置且保证 100%，那么平时资源浪费将会特别严重，从经济性上来说不合理、不理智。PACTL 正是在经济性和服务性之间寻找一个最佳的平衡点。

差错率也是货运站服务标准控制的重要指标。货运中出现差错会很麻烦，货物发出去再送回来，不仅时间耽误了，经济上也会给公司带来很大损失，而且会影响到客户对公司的看法。虽然总体来说 PACTL 的差错相对竞争对手来说还是比较少的，但是 PACTL 对差错率控制仍然很严格，企业内部也制定了相应的指标进行考核。一旦出现差错，公司会赶紧弥补，从不敷衍。

PACTL 的差错率控制没有纳入机场方的评估考核。因为机场方的评估考核具有很强的政府行政主导性质，而非市场主导，所以其考核指标经济性稍差。这一点也反映了 PACTL 的中性和独立。

3.7 降价策略和应收款管理

3.7.1 PACTL 的降价策略

在激烈的市场竞争中降价是企业最常想到的一个竞争手段。但如果企业轻易决定降价，很容易导致成本失控带来严重的后果。因为降价竞争很容易陷入恶性循环，你降我也降，大家都在降价，最后其实都不赚钱了，拼价格自己杀死自己了。这一点我国家电行业有着惨痛的教训。

市场行情好的时候，客户喜欢追求服务，表示"我们就找 PACTL，我们讲究服务的，贵一点问题不大"。但是 2008 年前后受国际金融危机影响，整个货运市场都不景气，行业竞争日趋白热化,很多同行开始打起价格战。

PACTL对降价持非常谨慎的态度。但是PACTL的价格又不能一点都不下降,因为客户对价格越来越敏感。PACTL必须很谨慎地控制住价格。公司最近两年价格确实在下滑,但是没有坍塌,是慢慢降下来的。具体的处理办法就是如果客户提出降价的要求,公司就和客户展开谈判,原则同意降价,条件是双方应就一个较低的价格签订较长时间的合同。也就是说降价的前提是签一个长期合同,目的是使降价速度减缓。否则合同时间很快到了又要面临降价的问题,会带来很多风险和麻烦。

3.7.2 PACTL 的应收款管理

PACTL对应收账款的管理就是严防"破窗效应"(break pane law)。"破窗效应"是指如果有人打坏了一幢建筑物窗户的玻璃,而这扇窗户的玻璃又得不到及时维修,别人就可能受到某些暗示性的纵容去打烂更多窗户的玻璃,形成破窗效应。应收账款也是这个道理,若一家客户欠账而公司不去尽快收回来,另一家客户就会跟着效仿,最后局面就无法收拾了。所以PACTL的原则就是如果客户不付钱,那还不如不做这单生意;否则成本倒贴进去,最后收不到钱就只有账面上的利润,实际上没有利润甚至是亏损。

以前PACTL对部分流动资金比较紧张的优质客户也相对宽松,出口的款项客户暂时不付也没有立即催促;等到客户进口货物的时候和进口款项一起现金结算。但是也有客户一直拖着出口的款项不付,而且只做出口不做进口,公司对这样赖账的客户就很难办。最后没有办法,只好把它请走。这样的客户是毫无价值的,甚至给公司带来的是负价值。

3.8 公司形象与品牌经营

PACTL实行以客户为导向的品牌战略和经营原则。其中一个细节就是:公司的办公楼一共三层楼,PACTL把三楼都给客户航空公司做办事处;PACTL二楼只有四间办公室,一个总经理、两个副总经理、一个秘书室;公司其他部门和机构都在一楼办公。PACTL作为服务型企业所提供的产品就是服务,客户航空公司付给PACTL费用,PACTL就要回报客户以最好的服务。

国际航空货运权威杂志 *Payload Asia* 每年都会对全球知名货运企业进行提名,并在其官方网站上公布,叫Industry Listing。该提名表是根据行业内专业公司网上投票的结果制定的,非常有权威和影响力。作为国内航空货运站行业公认的市场领导者,PACTL一直被

第 3 章　PACTL 的内部管理研究

Payload Asia 提名。PACTL 也是目前国内唯一一家每年都在 *Payload Asia* 上被提名的公司。

3.8.1　主动适应客户和市场

PACTL 目前有 35 家航空公司客户,其中国际客户 31 家,国内客户 4 家。所以公司主要的目标客户是外国航空公司。服务于国内客户,公司需要去建立、维持大量的关系;服务于国际客户,关系因素相对较少,需要按符合外国人习惯的方式进行沟通。因此在向国际客户提供服务时,PACTL 特别强调以适应客户习惯的外国式做法向客户提供服务。由于 PACTL 的主要客户是外国航空公司,所以公司采用外国式做法。

其实无论是国有企业的官僚做法还是外国式做法,本身都没有对错,只是一个适应环境和客户的问题。在尊重客户习惯方面,PACTL 与竞争对手有显著差别。例如外国客户来信询问业务,第一次 PACTL 会马上回复;回信后外国客户又来一封信,还是问问题和了解信息,PACTL 还是会马上回复;之后客户再来信,PACTL 还是会一如既往地回复。有些企业就不一样,一开始也许会回复,办公室做成签报件上报领导,领导可能比较重视,批示某个部门具体处理此事;但是第二次、第三次发现怎么还是问问题,慢慢觉得烦了就不回复了。在 PACTL 看来,客户来信意味着商业机会,因此一定有来必复,即使有时候由于出差晚几天收到和回复,也会特意跟客户打个招呼表示歉意。

语言也是一个重要影响因素,PACTL 的日常工作语言就是中文加英文。收到英文来信 PACTL 可以直接用英文回复,与外国客户沟通交流也可以直接进行,不需要翻译。有的企业可能就很难做到这一点。这样 PACTL 与外国客户沟通中,翻译过程就可以省略了。一定程度上,这也体现了适应客户的习惯,客户会觉得与 PACTL 合作比较舒适和放心。客户未必能从 PACTL 获得额外的商业利益,但是客户会觉得比较舒适,没有什么顾虑。

PACTL 特别注重公司形象,尤其是与外国客户打交道时往往展示出市场化、亲和的形象。公司生产部每年都接受国际评估,外国专家到 PACTL 来觉得不陌生,很熟悉很随意。因为 PACTL 不是一家很官僚化的企业,不会把接待搞得很隆重、很奢华,PACTL 不是这种公司。外国专家和客户到公司来,公司也很热情和客气,会采用外国式的市场做法进行接待。和竞争对手比,PACTL 官僚体制少一点。作为公司控股方的机场方虽然是大型国有企业,但是除了特别重大的问题外,基本上不干预 PACTL 的日常经营管理。

另外,PACTL 也会根据不同客户的需要,展示出企业的政府背景和后台实力以满足部分特殊客户的需要。例如来自香港的客户港龙航空与国泰航空,跟这两家企业打交道和外企又不一样。香港企业乐意看到合作伙伴的背后拥有比较强的权力背景,如果完全是西方做派在他们那里行不通,必须要用国内做法,以显示出在国内有很强的根基和人脉。

正因为PACTL针对不同客户采用不同的市场策略,长此以往客户就觉得跟PACTL合作比较省心和舒服。换句话说,也就是PACTL更适应客户和市场。

3.8.2 低调的媒体宣传策略

PACTL没有刻意花钱宣传品牌。直到公司成立7年之后在2006年,才开始有少量广告费用支出,比如在 *Payload Asia* 上做一页广告。国内广告做得比较少,因为作为一家以外国航空公司为主要客户的货运站企业,在国内做广告宣传的意义不是很大。有时背景很深、认识的人托过来要做,出于人情世故的考虑,也是没办法。这种广告属于捐款性质,金额不大,对公司生意帮助有限,做了第一次就不做第二次。

但是进一步继续扩大广告宣传,PACTL不是很愿意。比如某行业协会来上海举办会议,让PACTL出钱赞助或者多买些广告,对方也帮助PACTL多做些宣传,PACTL就没有同意。因为公司考虑问题的出发点是看是否对客户真有帮助。这类宣传费用较大,对客户没有实质性好处;加之公司领导个人风格也比较低调,所以对这种广告宣传很少参与。

至于一般的国际活动和会议,PACTL通常让公司外籍主管参加,以显现PACTL是一家合资的、独立的、官僚体制比较轻的同时又有深厚中国政府背景的企业。这类国际会议与会的大量都是外籍人士,对生意没有大的帮助,但对口碑有一定作用。

3.8.3 品牌独立性

很多企业不够重视品牌独立性,上海很典型。本来上海有很多很好的品牌,例如飞轮牌缝纫机、永久牌自行车、凤凰牌自行车等。主管部门想整合这些企业,搞个大的集团,组建了轻工集团把这些品牌都收入囊中。这件事情出发点是好的,但后果是严重的。慢慢这些品牌都消失了,最后就没有品牌了,可以说是自己把自己消灭了。这不叫整合,商业品牌一会儿这么组合,一会儿又那么组合,组来组去全是错的,因为违背了商业的规律。

商业品牌必须要自身在市场竞争中发展。发展得好,就是一个品牌;发展不起来,这个品牌就消亡。让品牌自己做,让市场来考验,这是市场经济的规律决定的。有的企业往往说"我们要整合资源,搞个什么板块",其实只要是商业品牌,如果没经过市场摸爬滚打,一定有问题,期望和最后结果肯定不一样。除了最终用户即花钱来消费的用户,任何人都没有资格决定品牌。

如果机场方要整合集团的物流业务,搞个物流板块,PACTL作为机场方的控股子公司,应该怎么表态? PACTL的结论是很谨慎地维持品牌独立性。因为整合得不好,PACTL这个品牌就消失了。商业品牌不是很多人想象的那样简单,它必须在竞争中诞生和发展,所以PACTL选择很谨慎地维持这种适当的独立性。当然同时PACTL也要尽一些义务,毕竟机场方是公司的控股股东。这个独立性和义务中间如何平衡很有学问,对于公司职业经理人的管理技巧的要求非常高。

3.8.4 PACTL的对外关系与挑战

良好外部关系的优势将为企业带来竞争优势。由于PACTL是公认的市场领跑者,所以很多政府的新政策都要先在PACTL试点,成功之后再加以推广。这样一来对公司就非常有利,也巩固了公司的行业领导地位。如果是纯外资公司可能就没有这种政策优惠。

另一个优势就是准入条件。航空货运行业市场受到很多准入条件的限制,很难想象一家纯外资企业能够在这个行业中生存下来。毕竟航空货运行业受政策控制较多,政府管制特别是安全方面的控制很严,并不是任何资本都有能力进入。

PACTL在处理对外关系时尽量做到柔和,这样的好处是能够更融洽地处理与政府部门的关系,公司能从海关、检验检疫部门争取到一些政策试点。同时公司对于某些政策的负面影响和不足也有自己的看法,并通过合适的渠道表达。

正是因为PACTL一直拥有良好的外部关系,并非血汗公司,出现有工伤等安全事故也及时上报,所以一旦发生意外事故处理起来就更人性化、更加合理。比如公司出现工伤事故,如果是其他企业,安监局可能就是先责令停业检查。但是货运站一旦停业,损失将会非常大。所以安监局会考虑到PACTL的实际情况来开展调查,多数事故的主要原因都是工人违规操作,所以没有必要要求PACTL停业整顿。

目前货运市场空运与海运竞争很激烈,海运份额越来越大。从货物结构上来说,进入20世纪90年代,由于爆发信息革命,半导体、电脑、手机等高附加值的新兴产业发展很快,对货物运送时间要求很高,促进了航空运输业的大发展。但最近几年科学技术领域革命性的进步减缓,处于一个相对稳定的阶段,没有产生出新的业务增长点。

其次,海运设施在改善,尤其是集装箱技术在发展。原来空运货物中的冷箱货物很多,到PACTL提送冷箱货物的卡车排队长度要两公里,现在已经是门可罗雀。这是因为海运中出现了冷箱集装箱,抢走了很多空运的生意。现在集装箱里可以装上空调设施,货物不再受传统海运潮湿、温度等条件的限制,导致手机、半导体、通信产品也大量走海运。

2008年爆发的美国次贷金融危机对整个货运行业影响很大。由于国际金融危机,外贸进出口大幅缩水,而货物吞吐量与进出口贸易量密切相关。自 2008 年 11 月以来,受进出口萎缩影响,整个货运业务下降比较大。PACTL 在 2009 年 1 月份,业务比去年同期下降 40%以上,2 月份稍有好转,但预计整个货运市场恢复还需要较长时间。

金融危机也给 PACTL 的发展带来了难得的机遇。没有金融危机,正常的情况下,PACTL 过去若干年的成功经验可能是企业进一步变革和发展的负担,下一步无论如何发展都面临很大的压力和风险。金融危机给企业变革和发展创造了较为宽松的外部环境,PACTL 将深入研究和评估在现有规模下,企业未来的发展战略和方向。

我国的航空货运业最近十年经历了跨越式的大发展,相关政策制度还不够完善,难免存在政策跟不上市场发展的情况。PACTL 也希望政府与时俱进,能够不断制定出更多、更好的政策和制度,促进航空货运业更加健康、持续的发展。

案例 3-3 国内与国外货运政策的区别

曾经有一个上海市民写信到市政府投诉,说:"我在美国买了东西,觉得这个行李太大,就当货物托运回来。本以为这样简单,而且费用还便宜。但是货物到了上海才发现必须通过一家代理中介才能取货,代理要收保管费、手续费等,到最后特别贵、特别烦。"

这个案例反映出国内外货运政策的一个区别。国外货主可以直接提货,但是国内货主一定要通过代理中介才能提货。目前很难解决这个问题。尽管货主自己有能力报关和提货,目前很多大宗货主都有物流部门,但是现在这些物流部门基本都以合同管理为主,无法行使报关和提货等职能。国内政策不允许,要求货主必须通过代理中介公司。国外都是提倡货主自己提货,因为可以提高效率,对货运站、航空公司和货主都有好处。

如果货主有一单货从日本运到中国一共花费 10 美元,其中 8 美元是航空公司作为运费拿走了,货站处理货物收费 1 美元,通过代理中介要收 1 美元。如果货主不通过代理中介,直接把货物交给货运站的话,货运站就可以多挣 1 美金。所以货运站是希望货主直接交货和提货的。

浦东国际机场货运站规划与运营

第 4 章

PACTL 的卡车航班延伸服务

4.1 卡车航班是航空货运价值链中的一环

4.1.1 航空货运流程和中转类型

航空货运是由包括货主、货主的代理(包括货运代理、报关代理和运输代理等)、机场、承运商(一般为航空公司)和收货人等在内的众多参与方通过相互协作,将货物从货主运至收货人的货物流通过程。机场在航空货运中担当着空陆间衔接的重要角色,衔接的方式可以是飞机—卡车、卡车—飞机和飞机—飞机等。航空货运链的许多重要业务活动都发生在机场,包括国际货物进港中的卸机、拆箱拆板、报检、报关、查验、监管仓储等和国际货物出港中的监管仓储、报检、报关、查验、安检、打板装箱、装机等(见图4-1~图4-3)。

图4-1 国际货物进港现状流程

图4-2 国际货物出港现状流程

根据货物属性(指国际货和国内货)、起运地和指运地的不同,中转业务可分为国际中转、国内中转以及国际国内中转(见图4-4)。

第4章 PACTL的卡车航班延伸服务

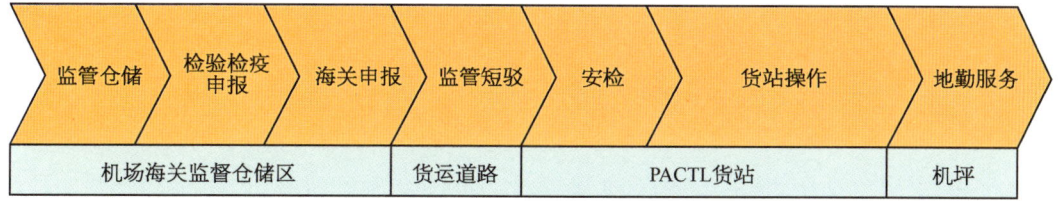

图4-3 机场货运流程(以国际货物出港为例)

(1) 国际中转是指货物由境外机场A途经中转机场(如浦东机场),中转至境外另一机场B,货物只需在中转机场做出入境备案而无需作进出口申报。

(2) 国内中转是指由境内机场A途经同为境内的中转机场,中转至境内另一机场B,货物无需进行进出口申报和出入境备案。

(3) 国际国内中转包括国际—国内和国内—国际两种情况,其中起运地和指运地一个为境外机场而另一个为境内机场,货物需要进行进出口申报。

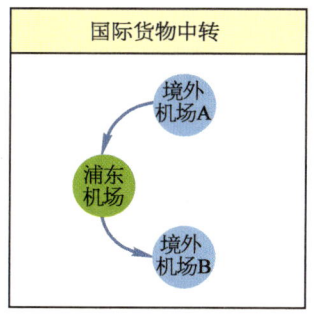
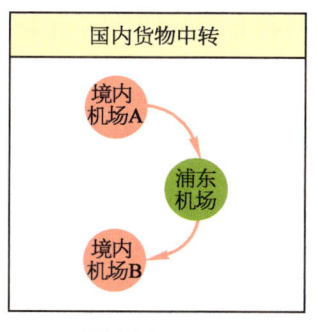
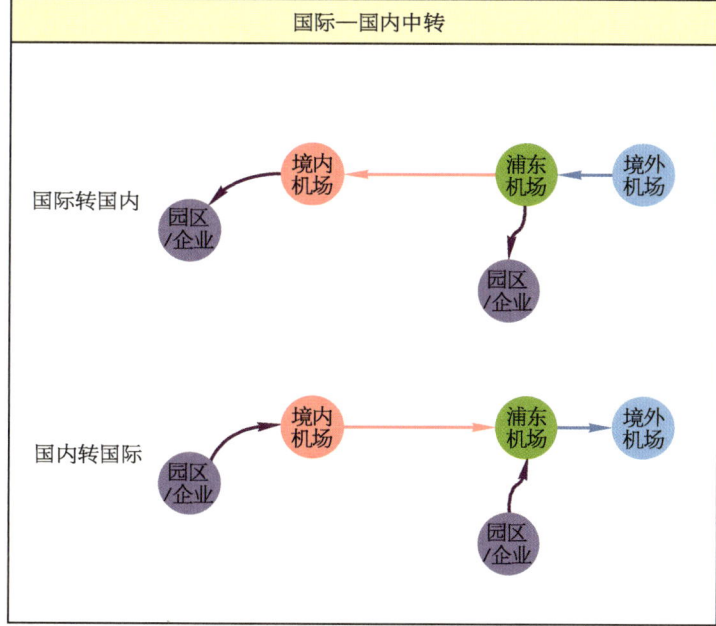

图4-4 中转业务概念示意图

4.1.2 货物中转需求催生卡车航班

国际国内中转货物的报关地点可能在浦东机场,也可能在指运地机场(国际—国内流程)或起运地机场(国内—国际流程)。若报关地点在浦东机场,国际—国内流程相当于国际货物进港与国内货物出港流程的拼加;而国内—国际流程相当于国内货物进港与国际货物出港的拼加。若报关地点不在浦东机场,则为转关操作,涉及转关两地海关和检验检疫等单位的协作。此时的货运流程受到较多的政策规定影响(如两地海关之间转关的具体操作流程规定和检验检疫的查验地选择规定等)。在国际—国内中转流程中还可能发生多式联运情况,即货物在国内段的运输不走空运而走陆运(见图4-5)。

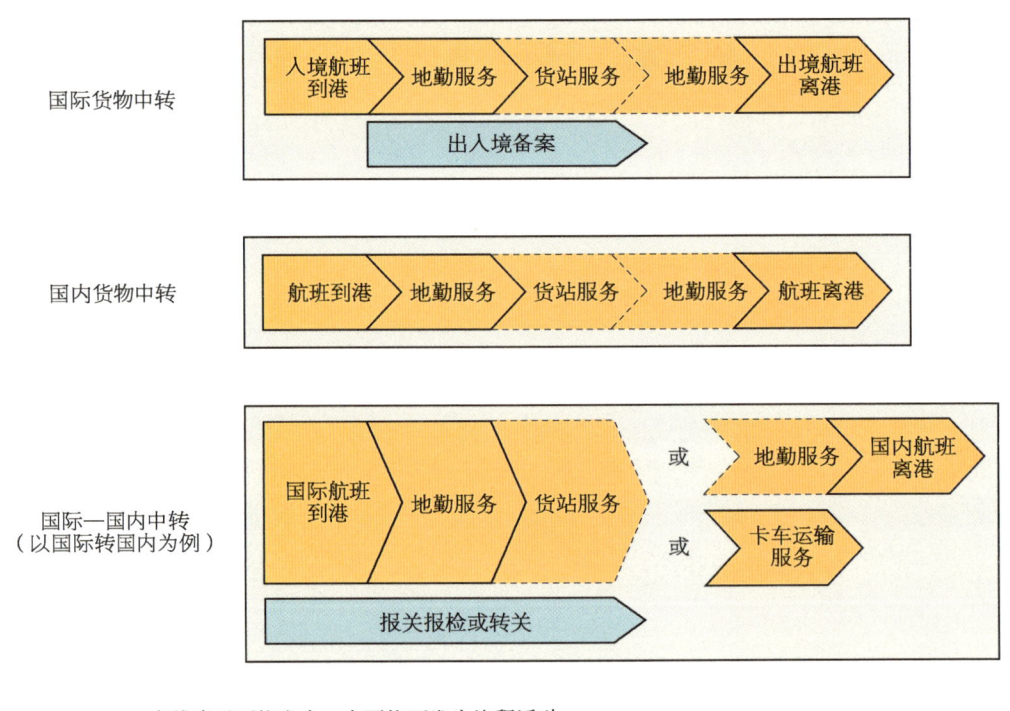

-------- 虚线表示可能发生,也可能不发生流程活动

图4-5 中转业务流程示意图

随着海关政策、制度的改革,货物中转效率大大提高,中转量进一步增加。2005年11月,在海关总署的统一部署下,长三角地区沪、宁、杭、甬4个海关启动了区域通关改革。改革的主要内容是:尊重企业自主选择,进一步简化和规范跨关区转关,对守法的进

第4章　PACTL的卡车航班延伸服务

出口企业试行跨关区"属地申报、口岸验放"通关模式,变跨关区通关"两次申报、两次放行"为"一次申报、一次放行"。这一改革措施打通了长三角各地的物流通道,有效简化了物流手续,降低了物流成本。截至2007年6月底,这一通关改革的范围已从长三角扩大至12个省区市,包括江苏、浙江、安徽、江西、湖南、湖北、四川、陕西、河南、宁夏、上海和重庆,形成了沿海口岸与中西部口岸功能延伸、优势互补、共同发展的良好格局。

由于浦东机场特殊的地理位置,长三角以及全国大量货物通过浦东机场国际中转国内或国内中转国际,特别是区域通关改革之后,进一步促进了这种中转模式的发展。这样,海关监管卡车运输需求大大增加,卡车航班应运而生。航空公司为卡车航班编制固定的航班号、确定班期和时刻,并对外公布。客户据此向航空公司预订头程航班和续程航班,实现货物中转。

4.2 苏州(SZV)通过卡车航班实现空陆、陆空联程中转

4.2.1 苏州虚拟空港(SZV)

苏州通过浦东国际机场进行货运中转的运作最为典型:

(1) 2001年以前,苏州的企业主要以上海清关为主;

(2) 2001年,从上海口岸转关至苏州工业园区通关模式开始运作;

(3) 2001年—2002年10月,企业主要以上海转关苏州清关为主;

(4) 2002年11月21日,海关总署批准SZV快速通关模式,虚拟空港(或卡车航班)的中转模式正式进入启动阶段。

"虚拟空港"模式最适用苏州这样的自身不拥有空港的内陆城市:货物下飞机后,由印有该城市航空代码的监管卡车,定时发班,送往该市物流中心;而货主在此卡车航班的运输期间,可办妥出关手续,直接到物流中心提货。如此,等于将空港延伸到了该市。这种模式,实际上是用卡车代替航空器运货,延伸空港功能,货物只需在一个海关内部中转,而不是在两个海关之间转换,显然比原先将监管仓库延伸过来但还须转关的"转关模式"更简洁、更便捷、更高效(见图4-6)。

以前,苏州工业园区的每单进出口货物必须经过上海、南京两个海关。货物抵达上海机场后,办完海关手续,运输到工厂就需要24~48 h(见图4-7、图4-8)。

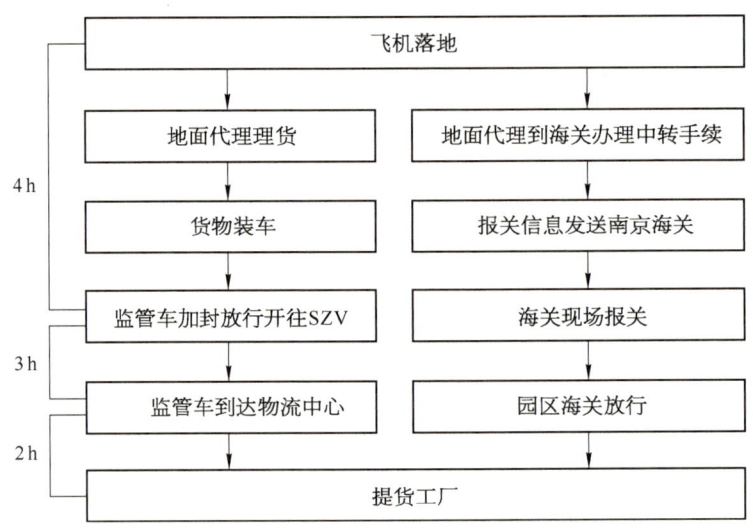

图 4-6 SZV 流程

上海清关：飞机落地 —— 地面代理理货 —— 货落货代仓库 —— 报关、报检 —— 提货送厂（1~2 d）

图 4-7 上海清关模式

上海转关：飞机落地 —— 地面代理理货 —— 货落货代仓库 —— 报关 —— 货到SLC仓库 —— 报关 —— 提货送厂（2~3 d）

图 4-8 上海转关模式

　　SZV 模式将苏州工业园区视为一虚拟国际空港,使用国际航空运输协会(IATA)规定的苏州城市代码 SZV 为标识,"SZV"原为苏州吴县光福军用机场在 IATA 网(www.iata.org)上的代码。苏州工业园区企业的进口货物在抵达浦东国际机场后,由航空公司以卡车航班的形式直接中转至目的港苏州工业园区;园区企业货物出口时,以"SZV"为启运地,货抵浦东机场后办理中转手续出港(见图 4-9)。

第4章 PACTL的卡车航班延伸服务

> SZV MODE：飞机落地 —— 地面代理理货 —— 货装监管卡车 —— 办理大中转 —— 海关放行 —— 发车 —— 到货SLC —— 拆封、入库 —— 企业报关 —— 海关放行 —— 提货（7～9 h）

图 4-9 SZV 运作模式

4.2.2 SZV 空陆联程中转

所谓空陆联程中转，是指在飞往上海浦东国际机场的航空主运单上直接打入 SZV 代码，落地港为苏州，飞机落地后由监管卡车将货物运往苏州，此时的卡车运输视为航空器的延伸，运费也是计算至货物到达苏州。实施空陆联程中转模式，从飞机落地到货物运抵企业的时间从原来的 1～3 d 缩短至 12 h，而从实际运作的情况看，平均时间为 7.5 h，最短时间为 5 h 以内。

采用了 SZV 空陆联程中转模式，货物抵达上海机场后由航空公司直接中转至苏州工业园区，省却了传统转关模式中货物在上海机场入库的环节，大大缩短货物进出口岸的时间，帮助企业节省诸如场地、货物存放费用等营运成本。

目前这种模式的范围不仅涵盖了整个苏州全市，还包括了周边的常州、无锡、江阴乃至苏北的宿迁等地区。而且有关部门正积极致力于吸引更多的货代、航空公司参与运作 SZV 模式，继续发挥空港延伸的功能。例如马航、大韩两家航空公司也准备在杭州萧山机场的航线开办"SZV"业务。

4.2.3 SZV 陆空联程中转

所谓陆空联程中转，是空陆联程进口的逆向出口模式，就是将苏州工业园区视为虚拟国际机场，使用国际航空组织（IATA）规定的城市代码"SZV"，并以苏州作为"始发港"，货主在苏州完成交货，并办理报关、报检等手续，货物通过"卡车航班"运抵周边机场办理中转手续出港。

为了完善苏州"虚拟空港"的功能，2007 年 8 月 20 日，《民航总局关于同意在苏州工业园综合保税区开展陆空联运业务试点的函》正式发布，明确同意"中外航空公司可以根据自身业务需要，在符合法律法规以及政府间双边航空运输协议等相关规定的前提下，在苏州设立代表机构，销售本公司航班舱位，填开始发地为苏州（SZV）的航空货运单，开展陆空联运业务"。随即中国国际航空、日本航空、全日空航空等航空公司纷纷加入"陆空联程"模式中来。

4.2.4　PACTL 在 SZV 运作中的角色

PACTL 的电子货物操作管理系统与各航空公司及浦东机场海关都有端口连接。载有 SZV 货物的飞机落地后,PACTL 在理货的同时将总运单直接传输至海关办理转关手续,海关手续办结后,SZV 货物就可装上监管卡车送到苏州。与传统的转关相比,中间省掉了由货代公司抽单、将货物提至自己的仓库、再重新预录入分单数据向海关申报的时间,因此 SZV 空陆联程中转方式比传统方式至少要快半天。

案例 4-1　SZV 的空陆联程中转

汉莎航空公司货运飞机航班号是 LH726/09,它是下午 3 点半到达 PACTL 的货物交接区的。2 h 后,该机承运的英飞凌(无锡)科技有限公司的两件总重量为 8.9 kg 的货物已经静静地躺在 SZV 中转货物专区里。其实,飞机一落地,总单号为 020 - 77819011 的相关资料就已经向海关传输,下午 4 点时这票货物的中转号码就已产生。傍晚 6 点半,关员张云对这票货物加封。晚上 7 点整,PACTL 的司机刘志强开着班次为 PDT1111 的海关监管卡车驶出 PACTL 的大门。晚上 10 点,刘师傅的卡车到达苏州物流中心,分单号为 1571025 的无锡英飞凌进口货物已经在苏州工业园区海关办理完报关手续,贸易性质为"进料加工"。半小时后,锦海捷亚公司的工作人员办理完提货手续,车从苏州出发直接驶往无锡英飞凌公司。

从 3 点半飞机降落到 10 点半离开苏州,英飞凌公司以 SZV 方式操作的这票进口货物一共只用了 7 h。如果按照传统转关方式操作,货物至少先要在上海机场的监管仓库里"休息"一个晚上。

在地面代理方面,目前苏州周边的 5 家地面代理公司已经全部开始操作 SZV 模式,除了 PACTL 之外,还有浦东机场中货航(CCA)、上航(FM),以及杭州萧山机场和南京禄口机场的地面代理。

4.3　PACTL 开通卡车航班延伸服务

4.3.1　PACTL 的固定卡车航班

从 2002 年 6 月 15 日开始,PACTL 就开始为中转货物提供卡车中转服务,包括到南京

(NKG)、杭州(HGH)、宁波(NGB)、温州(WNZ)、合肥(HFE)、青岛(TAO)、武汉(WUH)、苏州(SZV)等目的地。

上海浦东卡车运输总公司(以下简称浦运)经浦东机场海关和PACTL授权,负责用海关监管卡车转运中转货物,根据需求可随时开往每个目的地。截至2009年年底,已开通8个定期卡车航班(见表4-1、表4-2)。

表4-1 定期卡车航班时刻表

目的城市(代码)	发车时间							运输时间(h)	卡车航班号
	Mon.	Tues.	Wed.	Thur.	Fri.	Sat.	Sun.		
南京 (NKG)	—	22:00	—	22:00	—	—	22:00	7	PDT1011
杭州 (HGH)	11:00	—	11:00	—	11:00	—	—	4	PDT1021
宁波 (NGB)	—	22:00	—	20:00	—	—	22:00	7.5	PDT1031
温州 (WNZ)	—	20:00	—	20:00	—	20:00	—	12	PDT1041
合肥 (HFE)	—	—	—	20:00	—	—	—	10	PDT1051
苏州 (SZV)	4:00/14:00和19:00	14:00和19:00	14:00和19:00	14:00和19:00	14:00和19:00	—	—	3	PDT1111
武汉 (WUH)	—	11:30	—	11:30	—	—	11:30	18	PDT1071
青岛 (TAO)	—	11:30	—	11:30	—	—	—	18	PDT1181

表4-2 定期卡车航班目的港表

目的城市	代码	中转目的港	地点
南京	NKG	南京禄口国际机场货站	南京禄口机场货运中心
杭州	HGH	杭州萧山机场航空货站有限公司/(只限国航中转货)中国国际货运航空杭州运营基地	杭州市萧山机场内/杭州萧山机场国航仓库
宁波	NGB	中国民航宁波站航虹发展公司	宁波乐社机场内国际货运仓库
温州	WNZ	温州航空实业有限公司货运公司	温州永强机场货运仓库
合肥	HFE	中外运空运发展股份有限公司安徽分公司	机场路盛大村一号监管仓库
苏州	SZV	苏州唯亭物流分流中心	苏州工业园区唯亭分流中心,现代大道88号
武汉	WUH	武汉天河航空客货服务有限公司	武汉黄陂孝天路新货站
青岛	TAO	民航青岛站货运公司	青岛流亭机场

4.3.2　PACTL 的不定期卡车航班

截至 2009 年年底,PACTL 已开通 23 个不定期卡车航班(见表 4-3),18 个不定期卡车航班目的港(见表 4-4)。

表 4-3　不定期卡车航班表

目的城市(代码)		运输时间(h)	卡车航班号
北京	(PEK)	25	PDT 1151
长沙	(CSX)	20	PDT 1091
重庆	(CKG)	65	PDT 1081
烟台	(YNT)	20	PDT 1061
成都	(CTU)	70	PDT 1131
济南	(TNA)	18	PDT 1101
深圳	(SZX)	40	PDT 1121
昆明	(KMG)	74	PDT 1161
厦门	(XMN)	20	PDT 1171
西安	(SIA)	28	PDT 1191
沈阳	(SHE)	45	PDT 1201
郑州	(CGO)	18	PDT 1211
福州	(FOC)	18	PDT 1221
天津	(TSN)	22	PDT 1241
广州	(CAN)	36	PDT 1271
桂林	(KWL)	38	PDT 1291
长春	(CGQ)	55	PDT 1281
南昌	(KHN)	18	PDT 1321
哈尔滨	(HRB)	65	PDT 1331
大连	(DLC)	50	PDT 1341
无锡	(WUX)	3.5	PDT 1351
乌鲁木齐	(URC)	110	PDT 1361
贵阳	(KWE)	65	PDT 1381

第 4 章　PACTL 的卡车航班延伸服务

表 4-4　不定期卡车航班目的港表

目的城市	代码	中转目的港	地址
北　京	PEK	北京新时代国际运输服务有限公司	北京顺义区天竺镇府前二街 1 号宏远天竺物流中心 B 座
长　沙	CSX	湖南航空客货服务有限公司货运分公司	长沙黄花国际机场货运中心仓库
重　庆	CKG	（仅限国航中转）重庆鹏程航空实业机场货运分公司/北京空港航空地面服务有限公司重庆分公司	重庆江北机场国航货运仓库/重庆江北机场货运仓库
烟　台	YNT	民航烟台站货运中心	烟台莱山国际机场货运仓库
成　都	CTU	成都空港货运站服务有限公司	成都双流机场国航货运国际室
济　南	TNA	山东航空公司济南货运处	济南遥墙国际机场山航货运仓库
深　圳	SZX	深圳机场国际货站有限公司	深圳国际机场国际货运中心 1 号货站
郑　州	CGO	中外运空运发展股份有限公司河南分公司	郑州新郑机场内,到机场后联系仓库
福　州	FOC	福州国际航空港有限公司地勤公司货站	福州长乐机场内
天　津	TSN	天津华宇航空货运站	天津空港国际物流区,第三大街八号
广　州	CAN	广州白云机场股份有限公司航空运输服务分公司	广州白云机场内
桂　林	KWL	桂林两江航空客货销售公司	桂林机场内
长　春	CGQ	吉林省空港物流有限责任公司	长春龙嘉国际机场货运仓库
南　昌	KHN	江西民航客货运输销售服务中心	南昌机场内
哈尔滨	HRB	黑龙江省机场管理集团有限公司客货销售公司	哈尔滨市香坊区中山路 103 号
大　连	DLC	大连机场客货销售公司	大连市甘井子区迎客路 96 号
无　锡	WUX	无锡高新物流园区	无锡市新区高浪路 288 号
乌鲁木齐	URC	新疆机场集团货运部	乌鲁木齐机场内

4.4　卡车航班的运营模式

4.4.1　PACTL 外包的卡车航班

浦运从 2000 年年初进入监管运输服务领域到今天,在监管运输服务方面的能力与日俱增。从一开始与上海机场海关签订短驳运输合作备忘录直到继续签订中转联程备忘录,截至

2009年底,浦运已经拥有370多辆具备监管资质的车辆,开辟了北京、苏州、青岛、武汉、杭州等城市的定班车专线运输,提出了24小时全天候服务的承诺。浦运的监管运输车已经全部安装了先进的GPS卫星定位车辆系统,更大程度地增强服务的透明度,并配合先进的运输管理系统,充分地满足客户对货物的跟踪需求,客户可以通过网站查询货物的在途状态,实现最佳的跟踪功能。

浦运是PACTL唯一指定承运商,服务涵盖海关监管货物短驳运输和海关监管货物中转联程运输,到达全国各地35个口岸城市。可根据提单号进入该公司网站,实时查询跟踪货物位置、送达和签收情况。浦运公司的卡车航班如图4-10所示。

图4-10 浦运公司的卡车航班

4.4.2 航空公司外包的卡车航班

随着越来越多的国外航空公司开通至上海浦东机场的定期货机航班,许多国外航空公司也在积极寻找定期货机航线从浦东机场延伸至内陆其他枢纽空港的途径。2003年9月28日,在北京、上海两地海关的大力支持下,新时代国际运输服务有限公司开通了从欧洲经上海到北京的空运货物卡车航班。

外国航空公司可以直接签发从欧洲启运港经上海至北京的一票直达空运运单。运单目的地为北京的进口货物自欧洲空运至上海后,由PACTL负责安排海关监管卡车运送到北京,入新时代公司的进口监管库,由新时代公司为卡车航班办理拆封、卸货、入库、进行仓单录入、通知收货人,并根据收货人的要求提供清关和送货服务。目前已经有法航、荷航、马航等航空公司开始使用该卡车航班服务。

该卡车航班的开通所产生的连带效应,主要反映在以下几个方面:

(1) 打破已往北京及周边地区的空运进口货物的运作模式,为经由异地关区办理到北京的空运进口货物首开先河,从而为今后开通经由北京到异地关区的卡车航班或经由异地关区发运北京出口货物等卡车航班奠定了基础;

(2) 由于货物可直接入收货代理人的海关监管库,而不必再经由北京空港地面服务有限公司(BGS)或国航(CA)出入库,为进口商降低了出入库、装卸成本,节省了运输时间;

(3) 在增加北京的进口货量和关税税收收入的同时,提升了北京的口岸竞争力和吸引力,为扩大北京和周边地区的进出口贸易的发展作出了贡献。

4.4.3 航空公司自营的卡车航班

中国国际货运航空有限公司(以下简称"国货航")是一个具有综合货运能力的航空公司,目前拥有 8 架波音 747 全货机及 1 架 T204,同时独家享有国航股份 200 余架客机的腹舱。国货航作为 PACTL 的客户,拥有国内外地面卡车航班作为延伸服务。

国货航卡车航班运输服务,有效解决那些受航班载量、容积、舱门尺寸限制的超大货物运输难题,或者是充分满足在航线网络尚未覆盖的非通航点的运输需求,更有临时卡车航班(国内)随时开通。国货航已建立强大的全球空陆联运的卡车航班运输网络,网络触角通达世界各地,在国内已建立起以北京、上海、广州为枢纽,辐射至 19 个省份 55 个城市的中转运输网络,其中北京地区定期卡车航线 33 条,上海地区定期卡车航线 41 条,广州地区定期卡车航线 28 条。在美洲已建立起以洛杉矶、旧金山、纽约、芝加哥、波特兰为枢纽的卡车航班中转运输网络,卡车航线达 258 条。在欧洲已建立起以法兰克福、哥本哈根、曼彻斯特、伦敦、马德里为枢纽的卡车航班中转运输网络,法兰克福地区卡车航线达 88 条,哥本哈根地区卡车航线达 16 条。

浦 东 国 际 机 场 货 运 站 规 划 与 运 营

第 5 章

货运设施的规划建设与流程再造

PACTL货运设施的规划建设可分为两个阶段：第一阶段称为一期货运站，位于浦东机场一期货运区，1997年开始设计建造，1999年投入运营；第二阶段称为西货运站，位于浦东机场西货运区，2005年开始设计建造，2009年投入运营。在这两个阶段之间曾经在浦东机场东货运区进行临时性货站建设，但就设施规模和作业模式而言，东货运区不能被当成一个独立的发展阶段，应看成是一期货运区的补充和延伸（见图5-1）。

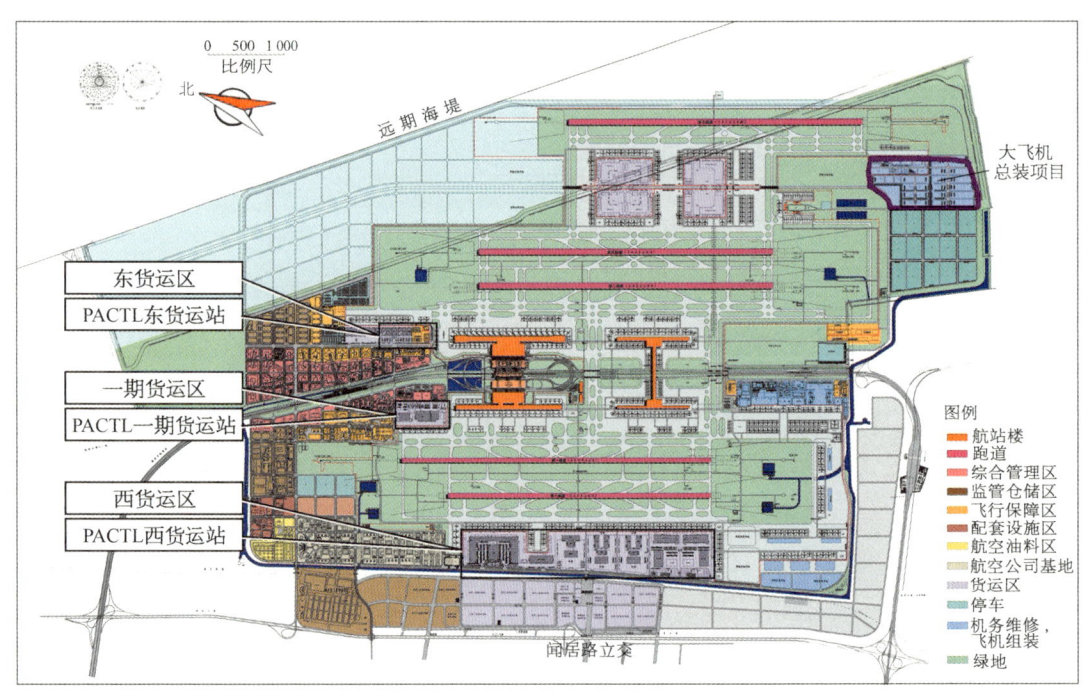

图5-1　PACTL货运设施现状分布

第 5 章 货运设施的规划建设与流程再造

PACTL 一期货运站与西货运站的规划建设间隔约为 10 年。10 年间,航空货运站的作业流程、功能需求以及设备设施都发生了巨大的变化。这些功能、流程的变化对 PACTL 的运营管理产生了重大影响。一期货运站在功能布局、作业流程上暴露出货物处理效率低、流程局部时间闲置造成总作业时间过长等缺点。面对存在的问题,PACTL 从作业流程、功能分区、工艺设备等方面着手进行改进和优化,实现流程再造,按照现代物流的概念打造西货运站,提高了整个浦东机场乃至上海机场的航空货运运行效率。

PACTL 西货运站面积是一期货运站的 4 倍,可满足 120 万 t 的年货物处理量。另外针对一期货运站运营中凸显的停车位不足严重制约作业效率的问题,西货运站设计中的货车和小汽车预留车位增加了一倍,并增设了叉车停车位 100 个(见表 5-1)。

表 5-1 PACTL 一期货运站与西货运站规模比较

项 目		一期货运站	西货运站
占地面积		146 200 m²	365 100 m²
库区面积		30 406 m²	121 809 m²
办公面积		8 000 m²	12 110 m²
设计处理量		34 万 t/年	120 万 t/年
处理量峰值		1 135 t/d	4 799 t/d
停车位	货车	126 个(大、中型车位各 63 个)	245 个(停车位 139 个,装卸车位 106 个)
	小汽车	104 个	216 个
	叉车	—	100 个
货物构成		国际 67%;国内 33%	国际 100%
		进港 50%;出港 50%	进港 42%;出港 58%

表 5-1 中同时列出了一期货运站和西货运站设计的货量构成。可以看出西货运站专门服务于国际货物的进出港,且出港货物较多,约占六成;而一期货运站国际国内货物都有,比例大概为 2∶1,进出港货量大致相当。

5.1 作业流程比较分析

5.1.1 一期货运站作业流程

按货运站进港流程和出港流程分别对 PACTL 一期货运站业务流程进行相关的分析。

1. PACTL 一期货运站进港流程

PACTL 一期货运站进港流程如图 5-2 所示。

(1) 飞机到站卸货后,外场拖车将货物运输到货运站空侧进港区,核对验收并录入货物信息。国际货物先报关,然后转流程(2);国内货物直接转流程(2)。

(2) 根据货物类型,运往不同的功能区。其中,中转货物运至出港库准备出港;集装普货需要拆箱的转流程(3),不需要拆箱的转流程(4);散装普货转流程(5);特殊货物转流程(6);紧急货(直通货)转流程(7)。

(3) 集装货运往分解工作台进行分解作业,并录入分解报告。然后中转货直接运往出港库,非中转货物运至普通散货区,转流程(5)。

(4) 整板箱使用升降式转运车(elevating transfer vehicles,ETV)上架暂存,接出库指令后自动出库,运往发货区待发。转流程(8)。

(5) 按货量及单件体积分类:中小件货物入高架库自动存储;大批大件货在堆存区暂存;小件货物在小件货架暂存。接出库指令后运往发货区待发,转流程(8)。

(6) 入特殊品库暂存,接出库指令运往发货区待发。转流程(8)。

(7) 接出库通知后,拖车直接送发货区待发。转流程(8)。

(8) 国际货物通关后,货主验货收货;国内货货主直接验货收货。转流程(9)。

(9) 录入发货信息,货运站陆侧装车发货。

2. PACTL 一期货运站出港流程

PACTL 一期货运站出港流程如图 5-3 所示。

(1) 货主办理托运手续后在陆侧站台(汽车站台)卸货,按发货目的地分别在国际、国内收货区暂存。国际货物先通关,然后转流程(2);国内货物直接转流程(2)。

(2) 收货信息录入,办收货手续,进行收货作业。然后与中转的待出港货物一并分类处理。紧急(直通)货转流程(3);超大超长件转流程(4);小件货物转流程(5);特殊货物转流程(6);中小件普货转流程(7)。

(3) 集装货在外场用集装拖车直接运往货坪,散装货叉车运至组合工作台打板、装箱,转流程(8)。

(4) 运至堆存区暂存,接到出库指令后叉车或输送带运至组合工作台打板、装箱,转流程(8)。

(5) 上小货架暂存,接到出库指令后集装货运至组合工作台转流程(8),散装货外场散货拖车运往货坪并转流程(9)。

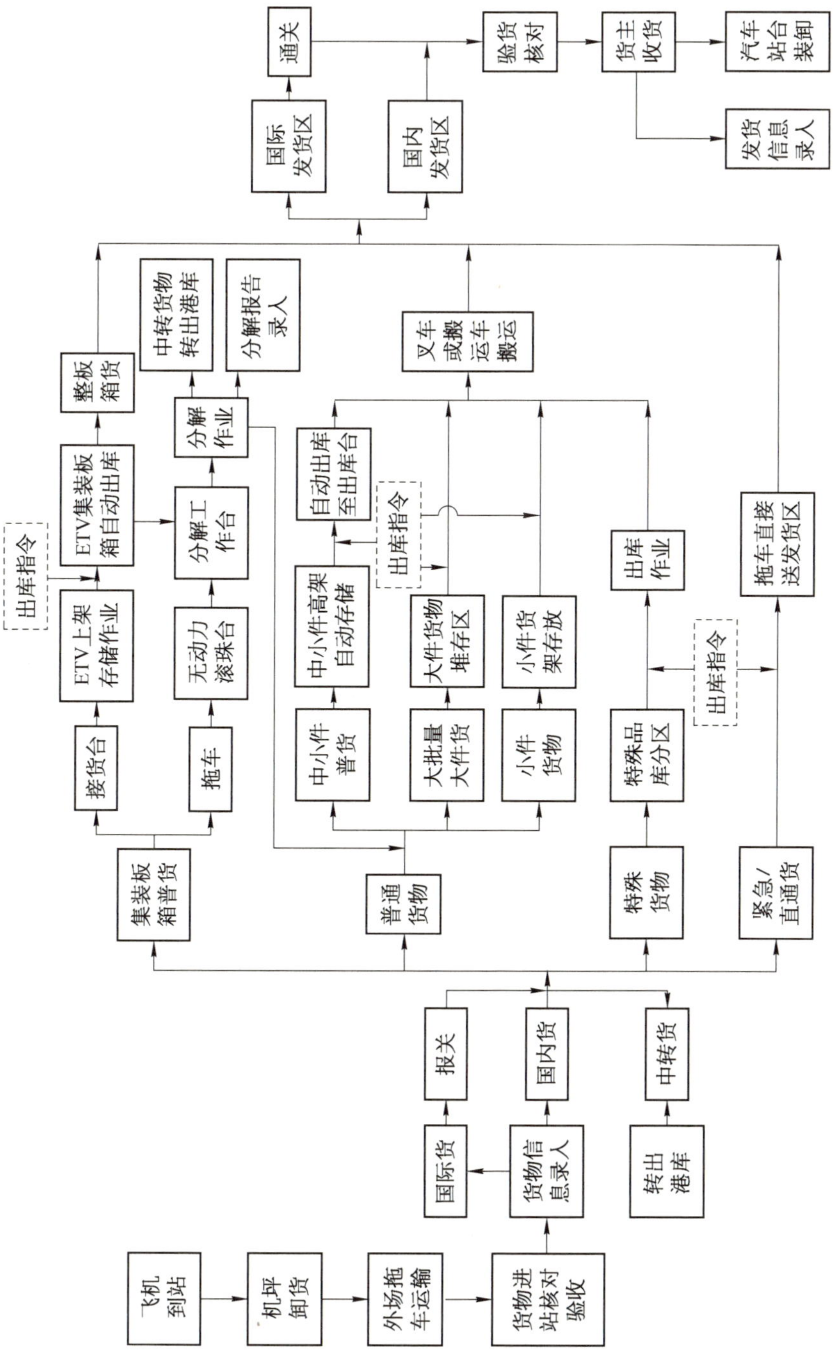

第 5 章 货运设施的规划建设与流程再造

图 5-2 一期货运站进港作业流程图

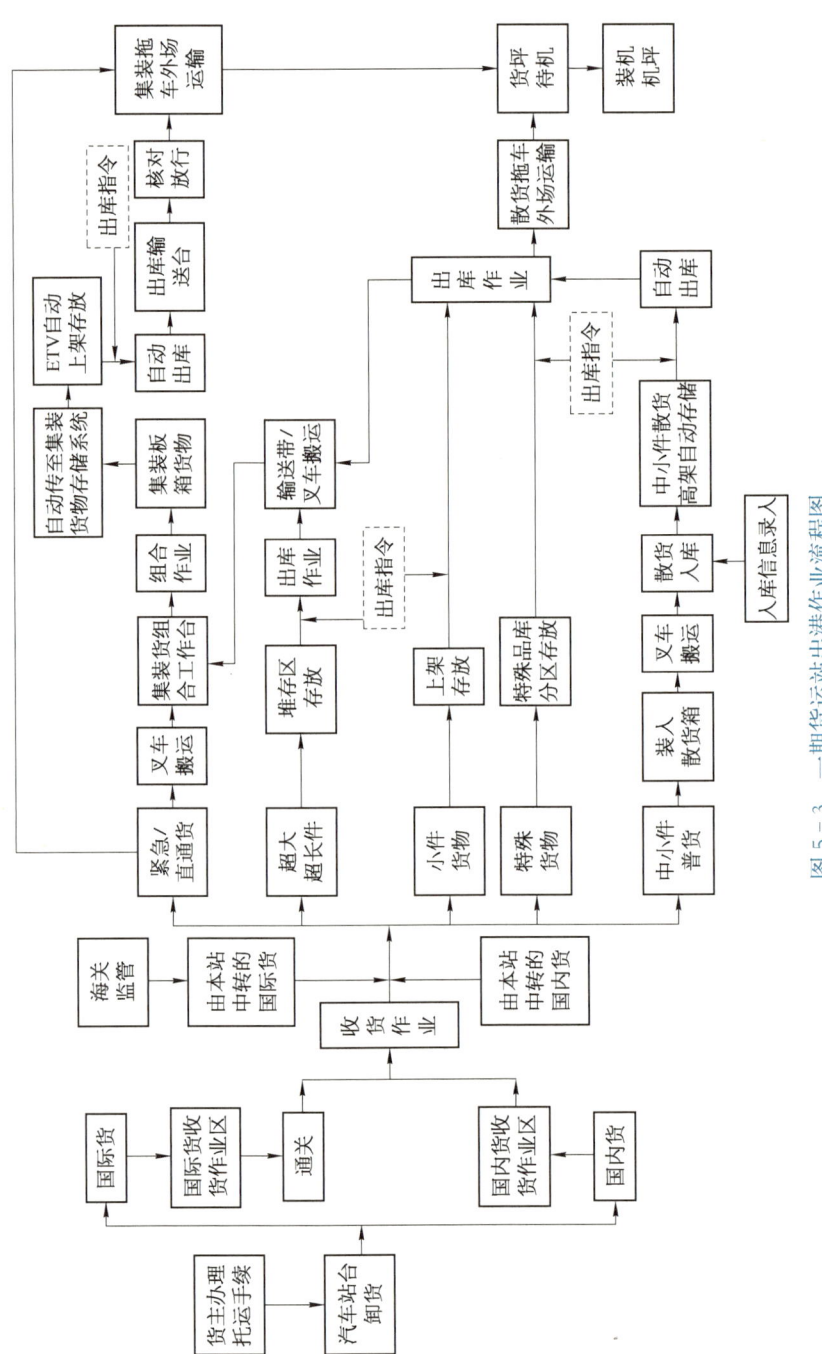

图 5-3 一期货运站出港作业流程图

(6) 运至特殊品库分区存放,接到出库指令后集装货运至组合工作台转流程(8),散装货用外场散货拖车运往货坪并转流程(9)。

(7) 装入散货箱,入高架库自动存储,接到出库指令后自动出库,装货运至组合工作台转流程(8),散装货外场散货拖车运往货坪并转流程(9)。

(8) 整板箱货使用ETV自动上架暂存,接出库指令后进行出库作业,核对放行,外场集装货拖车运往货坪并转流程(9)。

(9) 货坪待机,装机起运。

5.1.2 西货运站作业流程

1. PACTL西货运站进港流程

PACTL西货运站进港流程如图5-4所示。

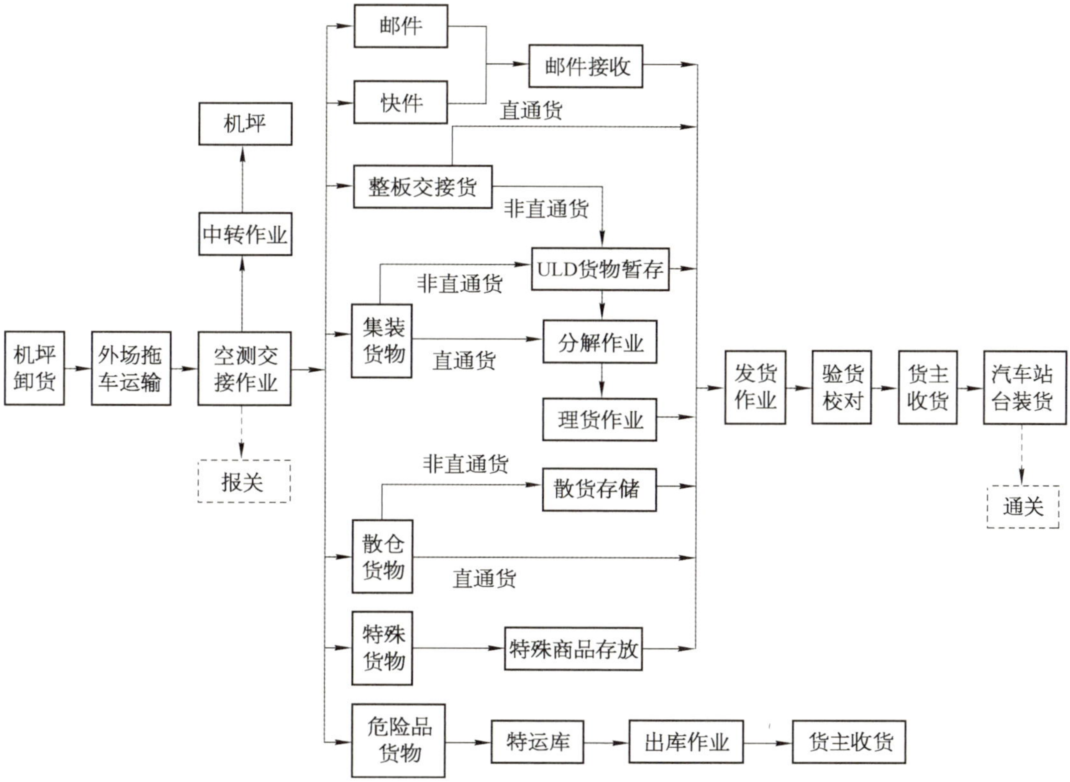

图5-4 PACTL西货运站进港作业流程图

(1) 飞机到站卸货后,外场拖车将货物运输到货运站空侧交接作业。中转货直接运至机坪候机,等待出港;非中转货物报关后转流程(2)。

(2) 根据货物类型,做不同处理区。邮件快件在专门的功能区域接收,随即准备发运,转流程(7);集装普货转流程(3);散装普货转流程(4);特殊货物转流程(5);危险品转流程(6)。

(3) 不需要分解的直通集装货直接发货,转流程(7)。非直通集装货运往集装单元(unit load device, ULD)暂存,不需拆箱的直接发货,转流程(7);需要分解的进行分解、理货、散货暂存等作业后发货,转流程(7)。

(4) 散装普货直通货直接发货,转流程(7);非直通货暂存后发货,转流程(7)。

(5) 特殊货物入特殊品库暂存,然后运往发货区待发。转流程(7)。

(6) 危险品入特运库暂存,然后进行出库作业,货主签收,自运。

(7) 验货校对,货主签收,陆侧站台(汽车站台)装货,通关发运。

2. PACTL西货运站出港流程

PACTL西货运站出港流程如图5-5所示。

(1) 首先进行通关,货主办理托运手续,在陆侧站台(汽车站台)卸货,进行安检、计重。然后转流程(2)。

(2) 根据货物类型,做不同处理区。邮件快件在专门的功能区域分拣并暂存,转流程(7);散装普货转流程(3);集装普货转流程(4);特殊货物转流程(5);危险品转流程(6)。

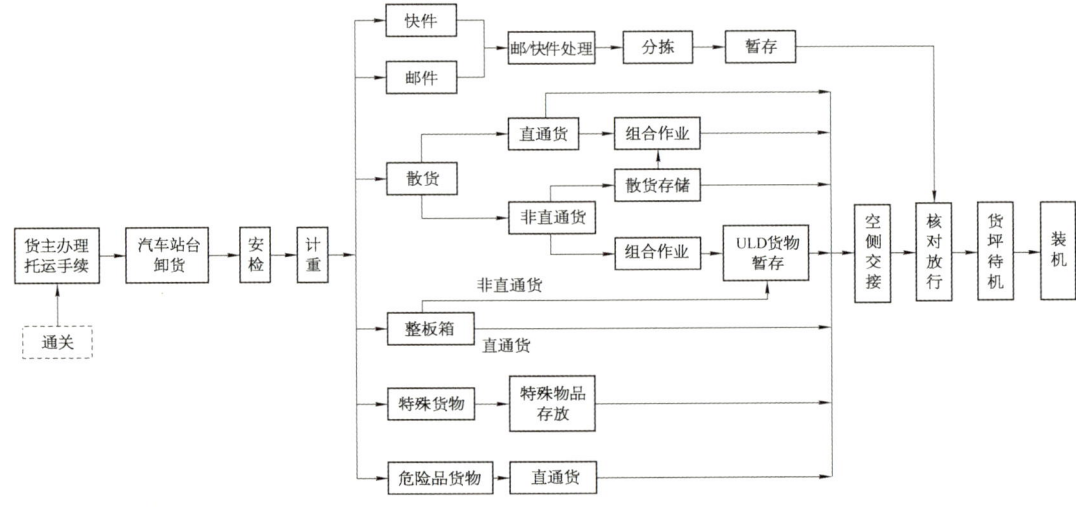

图5-5　PACTL西货运站出港作业流程图

（3）不需要组合的直接运往空侧交接，需要组合的打板装箱之后运往空侧交接，转流程（7）。

（4）整板箱的直通货直接运往空侧交接，非直通货 ULD 暂存之后空侧交接。转流程（7）。

（5）特殊货物入特殊品库暂存，然后运往空侧交接。转流程（7）。

（6）危险品直接空侧交接。转流程（7）。

（7）验货核对，货坪待机，装机起运。

5.1.3 提前报关提升作业流程效率

随着货量增长以及海关监管政策等外部条件变化，一期货运站在使用过程中，其作业流程逐渐显现出货物在站时间过长、流程效率低的问题，突出表现为：

（1）货运流程基本都是串行方式，没有并行作业；

（2）作业流程复杂，货物在货站中经过多次搬运或等待；

（3）大部分货物都要经过集中暂存才能进出港；

（4）报检与报关所需时间长，延长了整体的货物处理时间。

针对一期货运站运营中出现的不足，西货运站在流程设计方面进行了较大的优化改进。其中最大的变化是在西货运站实行提前报关制度，使耗时最长的报关报检得以与货站处理并行作业，大大缩短了货物在站等待时间。

提前报关是指运输工具抵港前，运输工具代理人向海关传输完整、准确并具有法律效力的进口电子舱单，然后海关对进出口货物的电子报关数据实施提前审核，办结进口单证审核手续的一项通关通检制度。

此外，西货运站流程设计中尽量使货物在集中的地点进行作业，避免不必要的搬运，同时通过设备和人员合理、充足的配备减少货物处理中的等待时间。

5.2 功能分区改进提升

5.2.1 一期货运站功能布局

PACTL 一期货运站主要包括 1 号国内出港库、2 号国际出港库、3 号进港库、营业办公楼、危险品库、维修中心及特种车库、地磅房和门卫室等，建筑面积 4.7 万多 m^2，需工作人员 1 006 人。PACTL 一期货运站功能布局如图 5-6 所示。

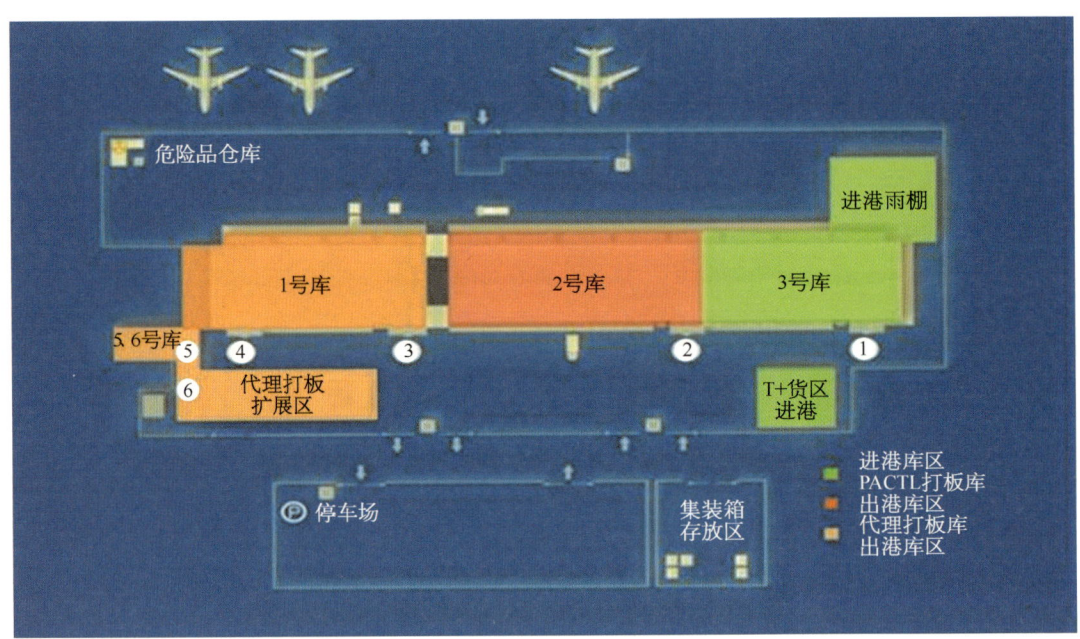

图 5-6 PACTL 一期货运站功能布局

一期货运站各功能部分的面积及人员配备详见表 5-2。

表 5-2 PACTL 一期货运站各功能部分的面积及人员配备表

序 号	建筑物及功能部分	面 积(m²)	人 员(人)
1	1号货站区(国内货站区)	11 648	175
	(1) 货物处理站房	9 928	133
	(2) 业务办公区	279	31
	(3) 汽车站台	765	—
	(4) 生活辅助区	534	3
	(5) 公用设备	142	8
2	2号货站区(国际货站区)	23 357	353
	(1) 货物处理站房	20 298	269
	(2) 业务办公区	296	62

(续表)

序　号	建筑物及功能部分	面　积(m^2)	人　员(人)
2	(3) 汽车站台	1 578	—
	(4) 生活辅助区	892	6
	(5) 消防控制中心	47	7
	(6) 变配电站	246	9
3	营业办公楼	10 131	426
	(1) 业务办公区	5 348	—
	(2) 生活辅助区	2 235	—
	(3) 营业厅	2 076	—
	(4) 消防水泵间	289	—
	(5) 冷热交换站	183	6
4	危险品库	180	9
5	维修中心及特种车库	1 555	29
6	地磅房及门卫、业务室	197	14
	合　计	47 068	1 006

5.2.2　西货运站功能布局

随着浦东机场航空货运业的飞速发展，货运量急剧增长，货物通过时限要求不断缩短。这些变动因素使货站的存储功能日趋弱化，货物流通速度不断提升，同时也衍生出货代客户自行打板以及 T 货物等新的功能需求。T 货物是指不在货站进行分拣、理货作业，在下飞机后货站直接与代理交接的货物。

为了顺应这种作业模式的发展变化趋势，加强货运站作为连接货主与航空公司的通道功能，西货运站在功能分区设置和区域面积分配方面更加注重加快货物流通速度和提高货物处理效率，实现货物的快速过站。在西货运站设计中专门设置了货代打板区、T 货处理区。西货运区功能布局如图 5-7 所示，详细功能分区如图 5-8 所示。

案例 5-1　PACTL 的货代打板业务

传统航空货运业务中，将散货打板拼装为整板集装货一般都由航空公司委托货运站完成。这样的好处是货运站在自身内部完成组板,简单方便。实际上由货运代理进行组板有两个优点:第一,由于经济利益的原因,代理公司对航空集装板/箱的空间利用率要比货运站组板高;第二,代理公司组板专业程度高,效率快、时间短。

因此航空公司更倾向于与代理公司签订委托打板协议,由代理公司在货运站库区内负责集装

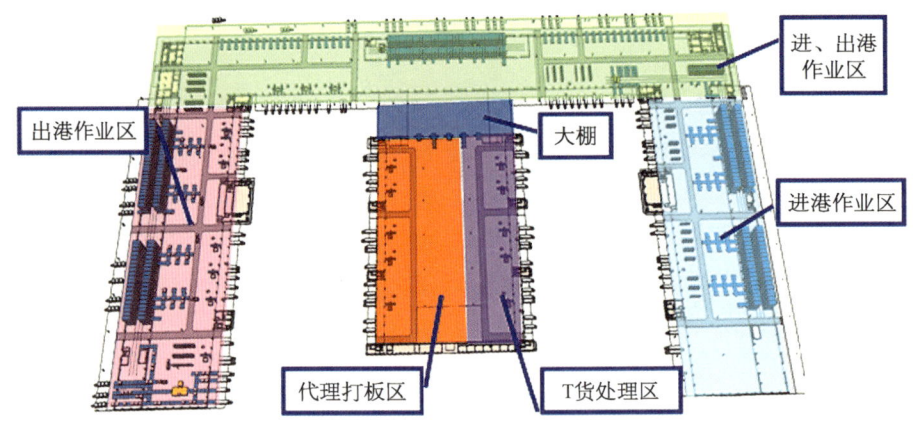

图 5-7 西货运站功能布局

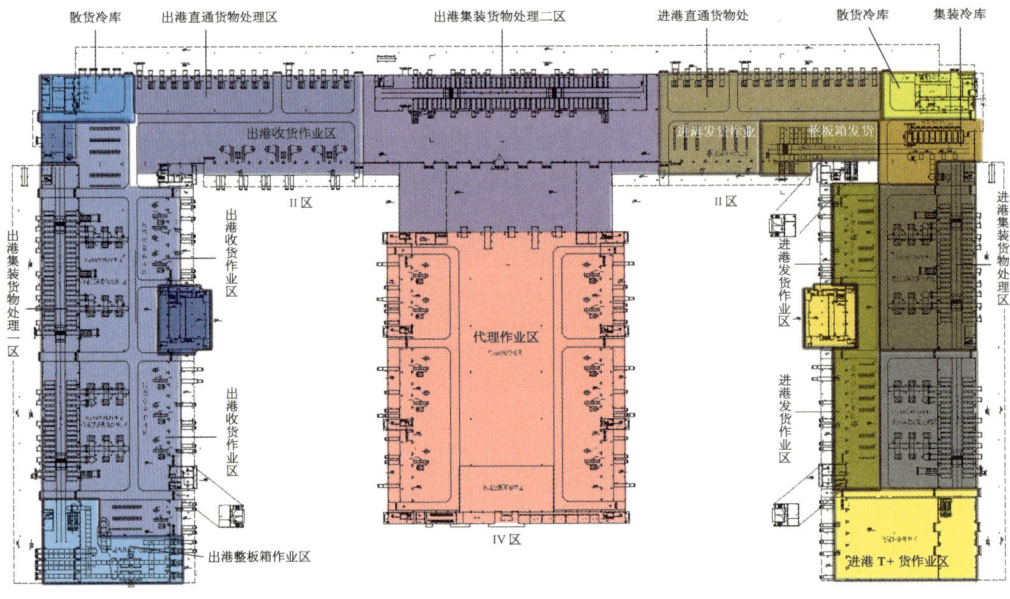

图 5-8 西货运站详细功能分区

货物的打板。例如在 PACTL 一期货运站,每年代理打板处理的出港货物量比例高达 70%。

针对市场的这一变化,PACTL 在西货运站专门设置了 16 000 多 m^2 的代理打板区,专门提供给货运代理打板使用。这样 PACTL 的业务收入就发生了新的变化。货运站的组板业务减少了,新增了代理打板区域的场地、设施出租业务,收入也由组板人工、材料销售收入等转变为场地、设施租金收入,从而进一步提高了 PACTL 的经济效益。

西货运站各部分面积及人员配备详见表 5-3。

表 5-3 PACTL 西货运站

序 号	建筑物及部门名称	面 积(m^2)	人员(人)
1	出港作业区	25 382	570
	(1) 出港集装货储存区	—	
	(2) 出港货物组合工作区	—	350
	(3) 出港收货区	—	
	(4) 出港整板箱货处理区	—	
	(5) 出港营业大厅	—	220
	(6) 办公区	4 038	
2	进、出港作业区	38 770	747
	(1) 出港散货收货作业区	—	
	(2) 出港贵重物品库	97	
	(3) 出港散货冷库区	冷藏库 2 个,面积共 98.4 冷冻库 1 个,面积共 52.6	
	(4) 出港货物组合工作区	—	
	(5) 进港货物分解工作区	—	
	(6) 进港贵重物品库	154.4	627
	(7) 进港散货冷库区	冷藏库 3 个,面积共 207.5 冷冻库 1 个,面积共 69.7	
	(8) 进港发货区	—	
	(9) 整板箱货物处理区	—	
	(10) 集装冷库区	290	
	(11) 集装货物储存区	—	
	(12) 活动物库	85.5	
	(13) 办公区	359	120

(续表)

序 号	建筑物及部门名称	面 积(m²)	人员(人)
3	进港作业区	25 382	745
	(1) 进港集装货物储存区	—	
	(2) 进港货物组合工作区	—	451
	(3) 出港散货收货区	—	
	(4) 进港 T 货处理区	—	
	(5) 进港营业大厅	—	294
	(6) 办公区	4 613	
4	代理打板区	17 808	—
	(1) 仓库	16 437	—
	(2) 办公区	1 371	—
5	进港 T 货处理区	9 948	
	(1) 仓库	8 219	—
	(2) 办公区	1 729	—
6	大棚	6 837	—
7	熏蒸室	113	8
8	危险品库	669	19
	合 计	121 809	2 090

5.2.3 西货运站出港货物流程

出港货物根据对时间的要求以及交运的包装形式主要可以分为直通货、非直通货、散货和整板箱集装货四种。这四种出港货物对处理的要求各不相同,所以西货运站分别设置了出港直通货作业区、出港非直通货作业区、出港整板箱集装货作业区、代理作业区。

其中,出港直通货作业区主要处理直通散货,出港非直通货作业区主要处理非直通散货,出港整板箱作业区主要处理集装货物,包括直通和非直通的货物。代理作业区全部由代理组板作业,主要处理直通货物。

1. 出港直通货作业区流程

出港直通货作业区主要处理快速通关（在站时间 3 h 以内）的货物，该区域建筑进深短，有利于货物快速流通。货主或代理的散货车辆的卸货作业在汽车装卸站台进行，站台高度为 1.2 m。为了解决车厢底板高度低于或高于 1.2 m 的汽车装卸问题，在汽车装卸站台上设有电动汽车调平台，高度调整量为 0.35 m，便于人工或叉车直接进入汽车车厢进行装卸作业。

在直通货收货作业区，卸货后，由车搬运至地秤称重。称重后通过 X 射线机进行安检。通过安检后，对于散舱货直接装拖斗，拉到等待棚等待出港；对于装箱货，通过组合工作台组合到集装板箱上之后等待出港。出港直通货物作业区流程如图 5-9 所示。

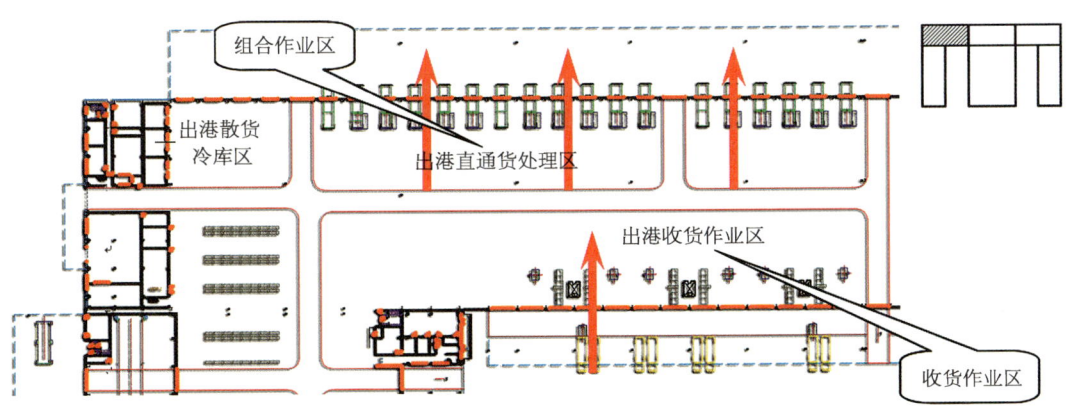

图 5-9　出港直通货物作业区流程

2. 出港非直通货作业区流程

在对于非直通货的收货作业区，卸货后，由叉车搬运至地秤称重。称重后通过 X 射线机进行安检。通过安检后，对于散舱货，装到散货箱中，在散货架存储区暂存，对于集装板箱货，在组合工作台组装后，通过辊道输送机送到集装板箱存储区暂存，在需要配货时，通过 ETV 转运到集装板箱空侧交接货区出港。出港非直通货作业区流程如图 5-10 所示。

3. 出港整板箱集装货作业区流程

整板箱交运货物通过升降式整板箱装卸站台进入整板箱交接货区。通过辊道台，整板箱货物可进入待运辊道。对于直通整板箱货物，可通过拖车直接拉到空侧等待棚，对于非直通货，由拖车拉到集装板箱存放区交接辊道台，通过 ETV 转运至集装板箱货架。出港整板箱集装货作业区流程如图 5-11 所示。

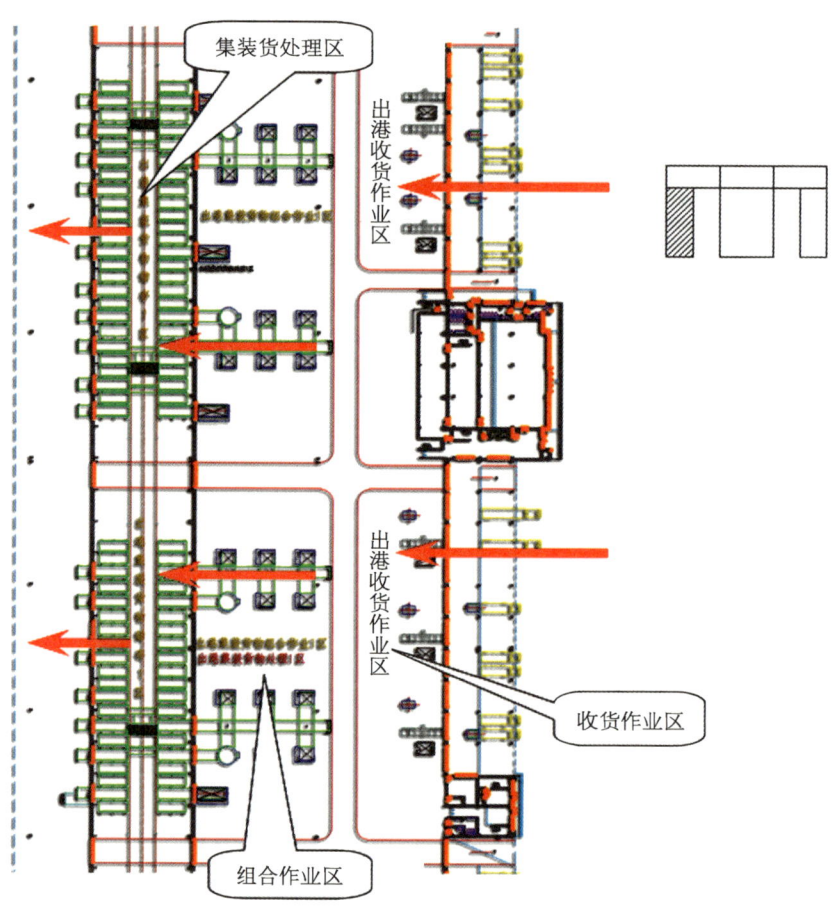

图 5-10 出港非直通货物作业区流程

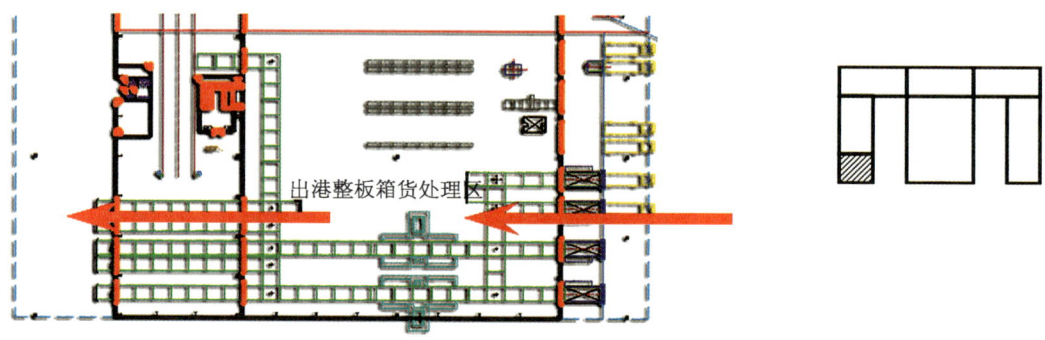

图 5-11 出港整板箱货物作业区流程

4. 代理作业区流程

代理作业区的作业人员为代理，处理的出港货物为直通货。货站在代理作业区设置安检机，封闭空侧通道，并允许代理在代理作业区专用收货口交运货物，并且由代理在作业区内组装货物，组装好以后的货物在收货交接区称重交运。代理作业区交运后的货物可以直接等待装机。与代理作业区相连的是集装货处理二区，主要用于存放代理作业区的货物。代理作业区流程如图 5-12 所示。

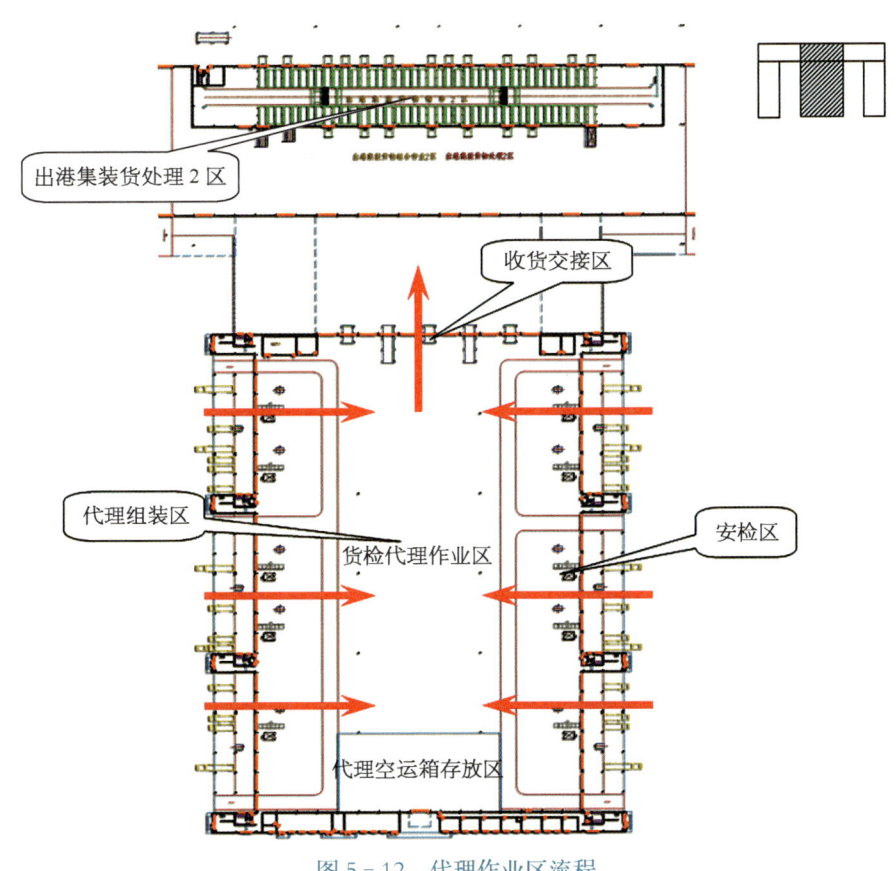

图 5-12 代理作业区流程

5.2.4 西货运站进港货物流程

进港货物根据对时间的要求以及交运的包装形式也主要可以分为直通货、非直通货、散货和整板箱集装货四种。对应的西货运站分别设置了进港直通货作业区、进港非直通货作业区、进港 T+货作业区。

其中,进港直通货作业区主要处理直通货物,进港非直通货作业区主要处理非直通货物,进港 T+货作业区主要处理 T 货。

1. 进港直通货作业区流程

进港散货是指从空侧运来的散货。进港的散货到港后,首先要在空侧交接货理货区进行理货,对货物进行清点、核对。然后根据货物的不同情况运送至相应区域。对于进港直通散货,直接进入直通货发货作业区;对于中转散货,运送到中转作业区,根据中转航班的情况,进行配货、组装等作业。

进港集装货指由空侧进入货站的集装货物。进港处理工艺包括整板箱提取货物和分解后提取货物。对于进港直通货,集装板箱由拖车移载到分解工作台进行分解作业后,直接进入发货作业区。

直通整板箱货通过整板箱交接货区辊道台,到达整板箱装卸站台进行提货作业。

代理或货主的提货车辆停靠在汽车装卸站台进行装卸作业,站台高度为 1.2 m。为了解决低于或高于 1.2 m 车厢底板高度的汽车装卸问题,在汽车装卸站台上设有电动式汽车调平台,便于人工或叉车直接进入汽车车厢进行装卸作业。进港直通货作业区流程如图 5-13 所示。

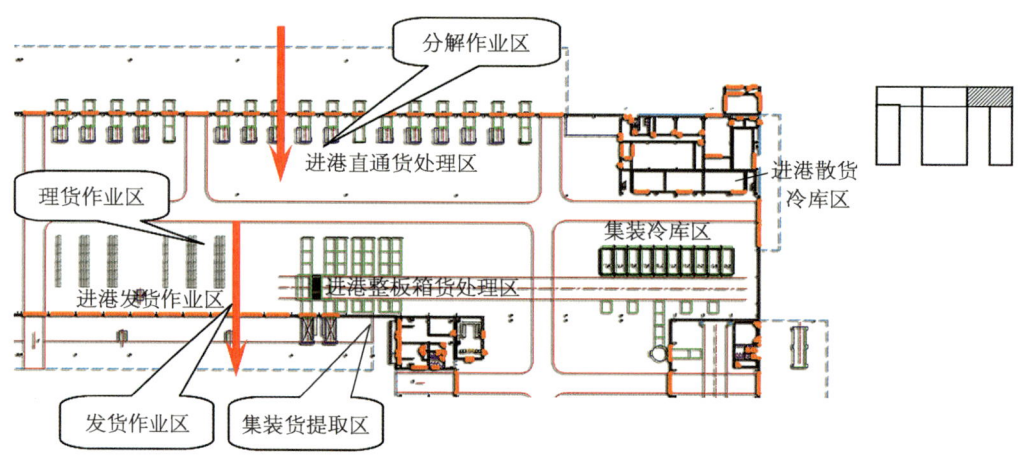

图 5-13 进港直通货作业区流程

2. 进港非直通货作业区流程

对于不直接提走的散货,运送到散货架存储区,待提货时直接进入发货作业区。

对于不立刻提走的需要暂存的整板箱货物,可以在整板箱交接货区的辊道台进行

暂存,或由拖车运至空侧辊道台进入集装板箱存放区,根据情况通过 ETV 转运至分解作业区辊道台再输送到分解工作台,进行分解作业后直接进入发货作业区。

进港非直通货作业区流程如图 5-14 所示。

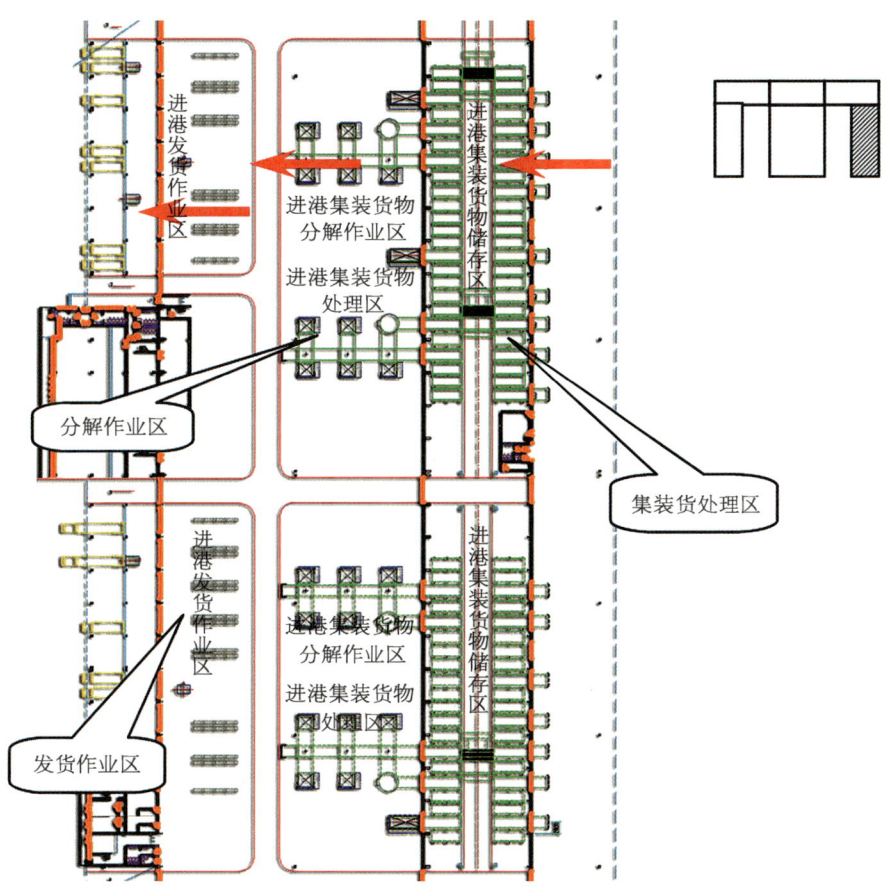

图 5-14　进港非直通货作业区流程

3. 进港 T+货作业区流程

T+货物的特点是单票货量大,往往一票货能占据一个航空集装器;交接迅速,因为此类货物都是运往海关监管仓库完成清关手续,所以在货站不用停留;占进港货量的比例大,由于交接迅速,许多有实力的代理往往申请使用这种方式提货,此类货物在浦东国际进港货中占 60% 以上。进港 T+货作业区流程如图 5-15 所示。

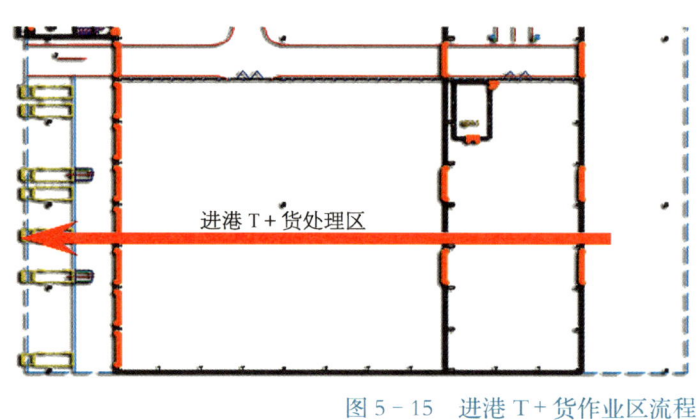
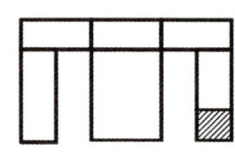

图 5-15　进港 T+货作业区流程

5.3　工艺设备布置选型优化

一期货运站和西货运站的主要工艺设备及其数量比较见表 5-4。由于储存功能的弱化，西货运站没有设置立体库和散货架，而仅配设了必需的集装货架，其货位数量较一期货运站增长 168 个，转运车（transfer vehicle，TV）、工作台、安检机、地磅、叉车等常规设备在西货运站的配备数量明显增加。在一期货运站的实际运营中，TV 和工作台数量不足极大地制约了货站的处理能力和处理速度。因此，西货运站中配备的 TV 和工作台数量增长了 5 倍以上。

表 5-4　一期货运站和西货运站的主要工艺设备及其数量比较

编号	设备	数量	
		一期货运站	西货运区货站
1	高架立体库	1 100 个货位	—
2	散货架	2 980 个货位	—
3	集装货位	762 个货位	930 个货位
4	ETV	3 台	5 台
5	TV	4 台	3 台 20′和 21 台 10′
6	分解组合工作台	24 个	8 个 20′升降式 100 个 10′（40 固定、60 升降）
7	汽车装卸平台	2 套	4 套
8	安检机	8 台	8 台

(续表)

编号	设备	数量	
		一期货运站	西货运区货站
9	地磅	—	34台(5 t 26台,30 t 8台)
10	叉车	104台(3 t 83台,7 t 10台、10 t 10台,16 t 1台)	39台(3 t 33台,7 t 3台,10 t 3台)
11	拖车/牵引车	30辆	9辆
12	闭路电视监控系统	—	409个摄像头
13	无线手持终端	—	—
14	直通集装货处理系统		

与一期货运站相比,西货运站工艺设备配置具有以下三个显著的优势。

5.3.1 条码、手持终端和直通集装货处理系统的引入

1. 条码和手持终端

货物从进入货运站到最终进入飞机,至少需要经过陆侧交接、称重、安检、组装、暂存、待运、空侧交接等处理过程,其间产生许多交接单据和手续。传统模式是需要人工输入和打印来完成这些单据,不仅造成工作量增加,而且信息容易记录错误,无法保证准确性。

如果将条码和手持终端大量引入处理过程,使用条码作为作业信息传递的媒介,作业人员只要用手持终端扫描货物上的条码就可以获知当前货物的所有信息,不仅加快了作业速度,而且保证了信息的准确性和完整性。

货物处理信息的电子化传递,实现了货物处理进度的全程跟踪,使得西货运站的管理达到了一个新的高度和水平,不仅可以有效地防止货物丢失和损坏,而且还可以使管理人员更容易分析出流程中的瓶颈和问题。

2. 增加了直通集装货处理系统

西货运站配置了直通集装货处理系统。该系统整合了升降式集装箱装卸平台、整集装箱安检机、直通传输线,集装货积放队列、集装货存储货架等集装箱货处理的所有工艺设备(见图5-16),可以快速处理所有型号的直通集装货,极大地提高了工作效率。

直通集装货处理系统是国际货运站工艺发展趋势所向,其核心工艺思想是将货物的前端作业转移到货运站外,待货物完全组装到集装容器内,在货站通过先进的集装箱安检系统完成货物的交接。

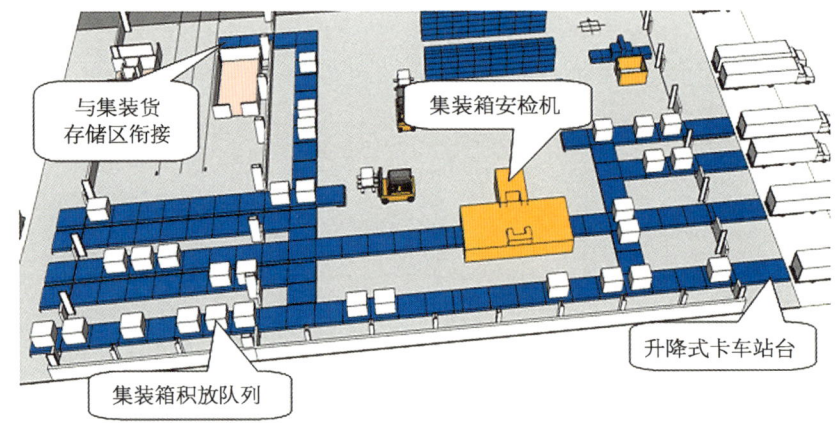

图 5-16　直通集装货处理系统

西货运站的直通集装箱货处理系统具有以下特点：
(1) 集装货物在站处理时间可缩短 75%；
(2) 把集装货存储作业与直通货作业通过 ETV 联系在一起，大大增加系统的柔性；
(3) 预留了发展空间和双线备份功能，增加了系统可靠性和持续发展可能性。

5.3.2　分解/组合作业区的布置优化

分解/组合工作站主要用于对集装板、箱进行装卸货作业，可分为升降式和固定式两种。固定式分解/组合工作站不具备升降功能，按是否配备动力驱动装置分为动力辊道台和无动力辊道台。一般有两种高度，一种是辊道台面高度为 508 mm，该高度与拖车辊道台面高度相同，可直接与拖车配合完成 ULD 的交接作业；另一种是辊道台面高度为 200 mm，由 TV 或辊道输送机与之配合完成 ULD 的往复运输。升降式分解/组合工作台采用液压升降及动力传动装置，其中液压升降机安装在地坑中，由操作者控制工作台面的升降。升降式四周还装有安全围板，保护操作人员的脚趾。工作台上有可调节挡板，是为防止 ULD 在装卸过程中四处移动。

一期货运站设置大量的固定式分解组合台，从建设投资的角度出发，虽然可以减少建设成本，而且从运营的角度而言，由于固定式分解/组合台没有液压装置，运行的维护保养费用也会相对较低。但其根本的缺点是在高峰作业时，对于高、中板货物，当货物组装超过一定高度后，作业人员在固定式分解、组合台上无法继续进行拆组板作业。

考虑到西货运公共货站的定位为服务全货机,进出港集装货物的比例高达95%,受服务机型的影响,在未来货运站操作中高、中集装板箱的货物将占到集装货物的75%~80%左右。如果航空货运站内工艺方案中设置较多的固定式分解、组合工作站,只能发挥其存放、转运集装板/箱的作用,这将大大降低整个公共货站分解组合区的作业效率,进而造成整个货运站陆侧货物和空侧货物的大量堆积。

为了提高西货运站内分解组合作业区的作业效率,西货运站全部选用升降活动式工作站,保证航空货运的高、低板货物均可在任何一个工作站上进行组板或分解作业。

此外还将相邻分解/组合工作站之间的间距由一期货运站的4.6 m增大到6 m,解决了一期叉车到站台接货时作业面不足的问题,满足相邻工作站同时作业的现实需求(见图5-17)。

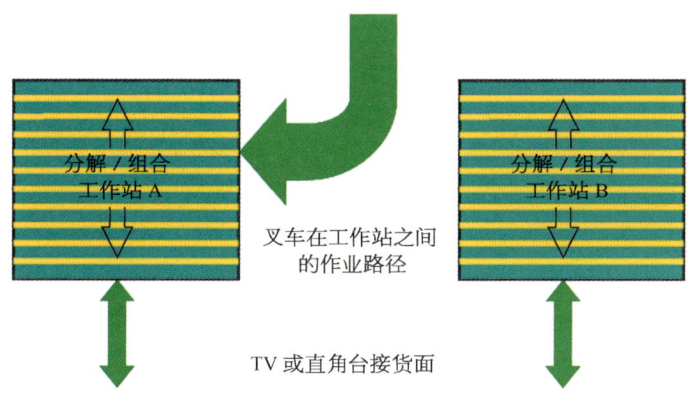

图5-17 叉车在工作站之间作业路径示意图

5.3.3 散货存储方案优化

散货在物流过程中始终是一个集装化的基本单位,其形态在装卸、运输、保管过程的各个阶段基本上不会发生变化,经过专门的包装处理,可建立标准化的体系。散装货物主要依靠散货存储系统储存,系统主要包括由堆垛机、存储货架和出入库输送设备组成的系统。

一期货运站散货存储系统包括出港和进港散货处理两部分,分别设有3个巷道,由立体散货货架、高架堆垛机及控制系统组成,具体布置如图5-18所示。

该方案布置上的主要缺点是:由于堆垛机作业的巷道空间狭小,叉车无法进入巷道内工作,如果三台SC中的任何一台发生故障或需要进行维护保养,将造成至少两排散货架不能进

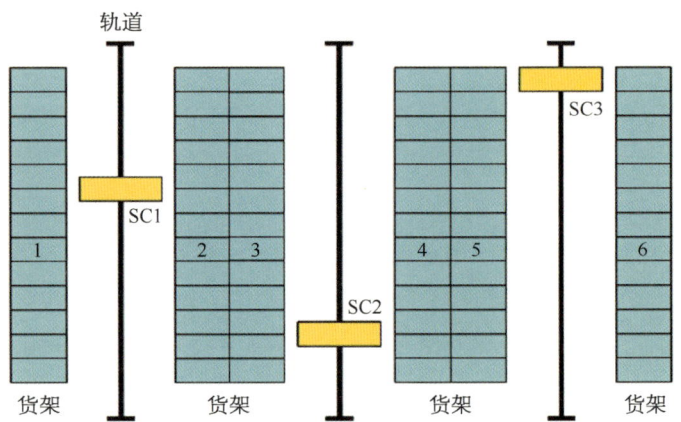

图 5-18　PACTL 一期货运站散货存储系统布置

行正常的存取操作。该散货系统的布置方案,对设备运行的可靠性要求很高,而且对设备故障时的应变能力比较差,货架资源在设备特殊情况下的可利用率较低。

通过研究和分析,对散货存储系统的方案进行了局部的优化,优化后的布置方案如图 5-19 所示。

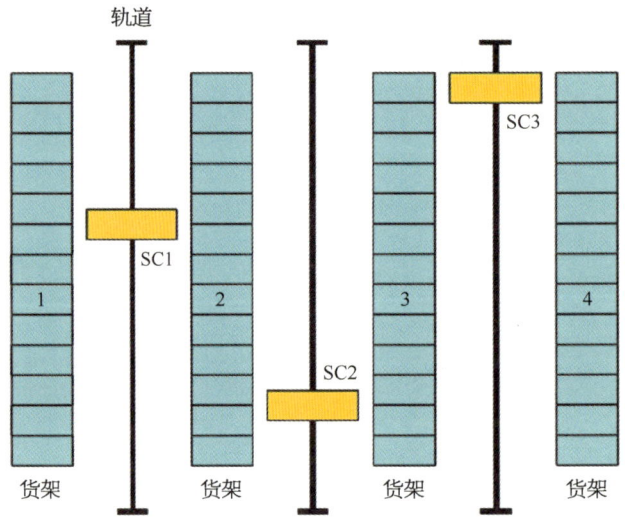

图 5-19　优化后的散货存储系统布置图

优化后的布置方案,不仅货架的数量减少了,而且可靠性、灵活性也大大提高。主要体现在三台堆垛机之间的相互备份:当 SC1 不能正常工作时,第二排货架的存取作业可由 SC2 来完成;当 SC2 发生故障时,SC1 和 SC3 可以完成第二排和第四排货架的存取作业;当 SC3 发生故障时,由 SC2 来完成第三排货架的存取操作。另外,为了解决 SC1 或 SC3 不能工作时而造成的货架 1 和货架 4 上货物不能存取的问题,在上述优化方案的基础上再配套 1~2 台额定承载能力为 2 t、提升高度可达到 15 m 的叉车,在需要的时候从散货存储系统的两侧对单元货物进行存取作业。

考虑到西货运站的服务对象是全货机,而且空侧处理的货物以集装货为主(比例高达 95%),测算陆侧每天需要存储的非直通、非集装板箱的散货仅为 72.95 t,需要的散货箱数量约为 48 个。如果在西货运站专门设置散货存储系统,虽然散货架的规模相对可以减小,但对于一个完整的散货存储系统,比较复杂的控制系统和出入库作业信息系统都是必需的。

在衡量整个系统的投入产出比等经济指标后,在西货运站工艺布置方案中取消散货存储系统,采取设置足够的堆存区、散货货架(规格为 1.5 m×1.8 m×1.2 m)和层格式货架等措施来解决散货的暂存问题。该方案不仅大大减少了工艺设备的投资,而且使货运站内分解/组合作业区的建筑物高度由通常的 16 m 可降低至 10 m,这也大大降低了西货运站建筑的造价。

5.4 模块化规划的灵活性

机场货运区通常不止一个货运站,往往有若干个货运站。这些不同的货运站可能由不同的主体来建设、运营。而不同的运营主体由于工艺流程的不同对货运站建筑、设备、设施的要求又是不一致的。为了使机场货运区能够最大限度满足机场货运未来发展的需求,具有最佳的变化适应性,最好的实现办法就是按照模块化的标准来规划。

实际上经过规划研究发现,无论货运站随着规模的增大如何发展,但是其基本用地模块是 400 m×400 m。规模较小的货运站可能只使用 1 个 400 m×400 m 模块,规模较大的货运站可能使用 2 个或者 3 个 400 m×400 m 模块的组合。这取决于货运站的规模,完全可以自由组合,可大可小。所以 400 m×400 m 是货运站规划的标准模块,也是货运区规划的基本单元。

5.4.1 货运站的标准化模块

在 400 m×400 m 的标准用地模块下,可以有五种货运站的规划模式。

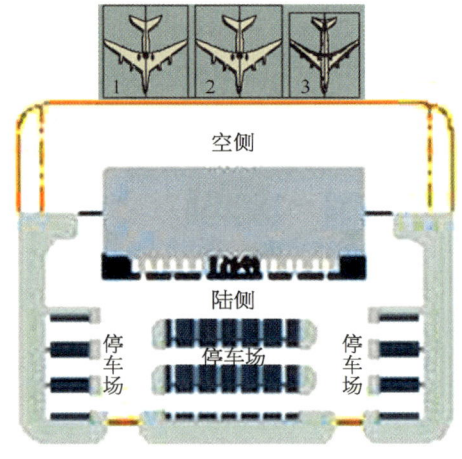

图 5-20　传统型货运站

(1) 模式一：传统型货运站（见图 5-20）。货站本身为条状线性布置，一侧为空侧，一侧为陆侧。

传统型货运站属存储型货运站，有利于货物处理区内部作业调整，广泛应用于 20 世纪 90 年代建成的货运站，例如首都机场、浦东机场等。

(2) 模式二：增大开面式货运站（见图 5-21）。模式二克服了传统型货运站空侧或陆侧开面不足的问题，通过采用 U 形构形，能够有效增大货运站的开面，提高使用效率。

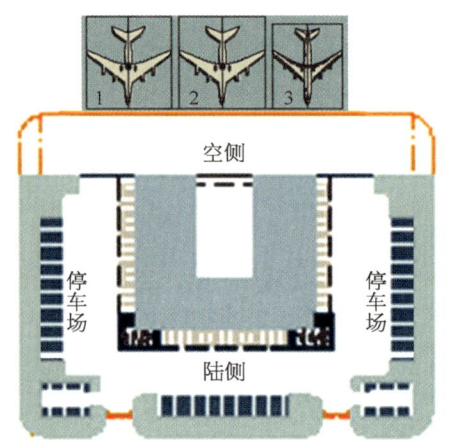 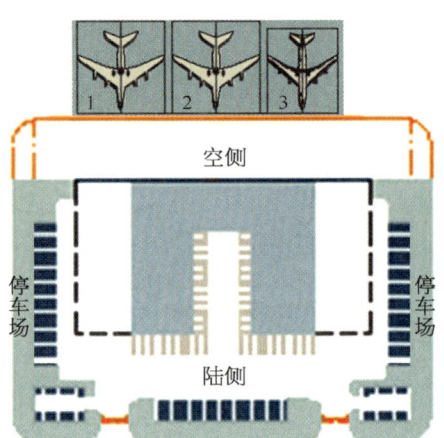

图 5-21　增大开面式货运站（增大空侧开面或陆侧开面）

增大开面式货运站有利于分区作业和管理，可提高单位面积货物处理能力，是近年来应用较多的型式，例如广州白云机场南航货运站（内部工艺）、成都双流机场货运站等。

(3) 模式三：合成式货运站（见图 5-22）。随着航空货运的发展，代理自行组板逐渐成为主流和趋势。在合成式货运站内，将货站作业区与货代作业区合为同一建筑单体，在同一建筑物内有利于货与货代之间交接货，降低运输成本减少交通流量。

合成式货运站主要应用于航空物流综合服务项目及货运站的延伸服务,例如南京空港物流园区。

(4) 模式四:转运中心货运站(见图 5-23)。转运中心以分拣为主,通常是夜间 12 点左右飞机进港,在转运中心内完成分拣,凌晨 2 点左右飞机出港,第二天早晨一大早就可以将快递送到客户办公室,例如德国莱比锡机场的 DHL 转运中心。

转运中心最典型的特点是内部作业复杂,对陆侧交接开面的依赖性不强,对单体进深有一定要求,其发展瓶颈往往是空侧的机坪数量不足或者转运中心内部处理能力有限。对于较大进深的地块,尤其是有机位发展空间的地块,比较适合建设转运中心。

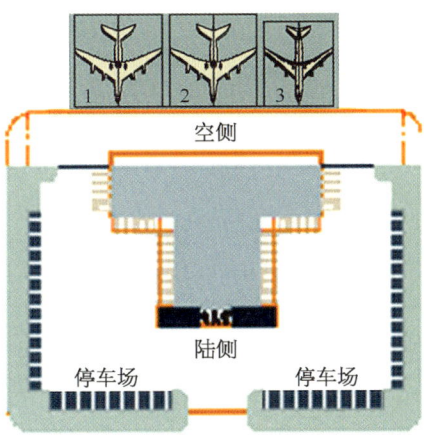

图 5-22 合成式货运站

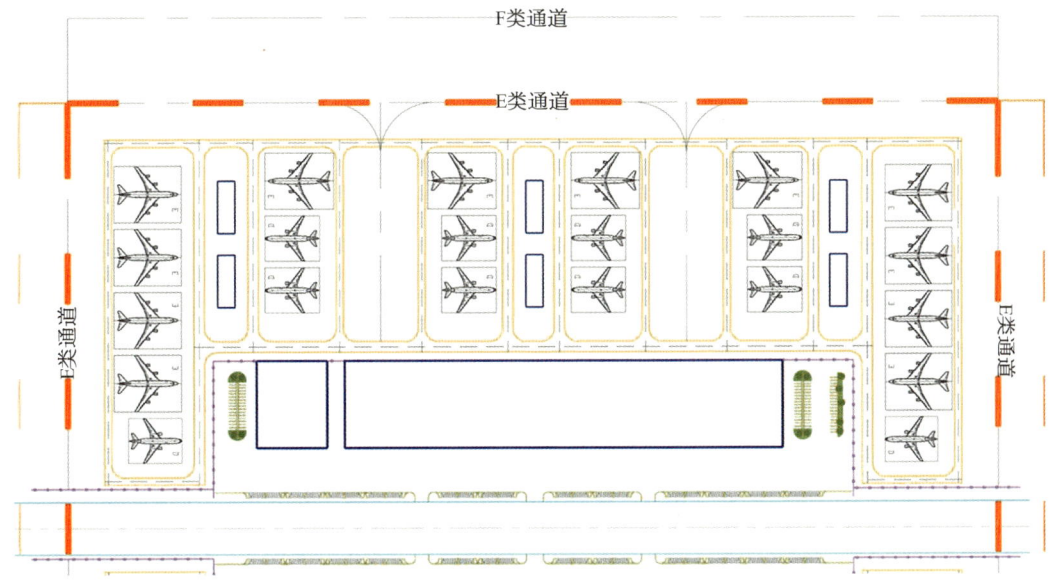

图 5-23 转运中心货运站

(5) 模式五:综合型货运站(见图 5-24)。综合型货运站实际上是综合了前面四种模式的优点形成的。

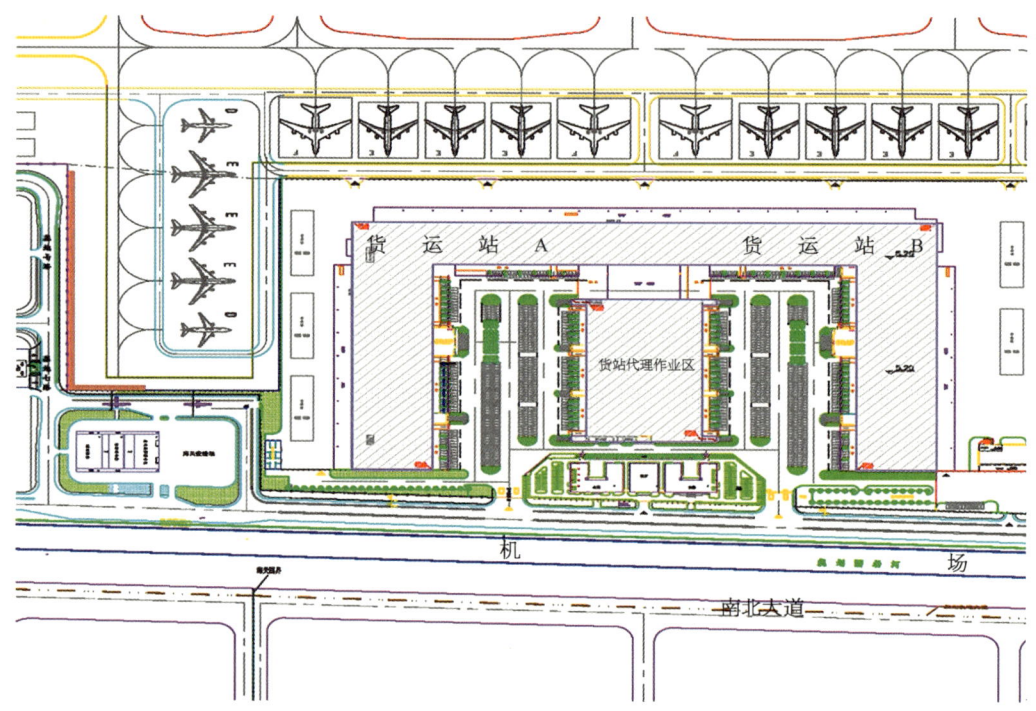

图 5-24　综合型货运站(以 PACTL 西货运站为例)

5.4.2　西货运站规划的灵活性

PACTL 的西货运站采用模式五——综合型货运站,在使用上具有极大的灵活性,如图 5-25 所示。

从 1、2、3 区的组合看,西货运站属于第二种模式,即增大开面型货运站。从规划上预留了增大空侧、陆侧开面的可能性。未来如果浦东机场货运机坪机位紧张不够用了,可以将 1 区、3 区的外侧改造为货运机坪。

从 2、4 区的组合来看,西货运站属于第三种模式,即合成式货运站。西货运站将货运代理打板区放在 4 区,从而与货运站自行处理的 2 区结合更加紧密,也满足了目前货运代理打板率越来越高的需求。

PACTL 的西货运站采用综合型模式,带来的最大的好处就是使用上的灵活性。主要表现为以下两点:

(1) 当 PACTL 业务量足够大,能够完全使用西货运站的时候,可以按照前面所讲的功能

图 5-25　PACTL 西货运站的灵活性

分区运营西货运站,即将 1 区、2 区的一部分作为出港货物处理区,将 3 区、2 区的一部分作为进港货物处理区,将 4 区单独作为货运代理打板区。

(2) 当 PACTL 业务量不够大时,可以将西货运站的四个分区分别独立使用,即 PACTL 自己使用一部分区域,而将另一部分区域出租给其他公司经营。这样就可以大大降低 PACTL 的使用成本,提高投资效益。

事实上,在西货运站刚刚投入使用初期,整个浦东机场西货运区的货运量并不是太大,如果将整个 1、2、3、4 区都投入使用,那么从成本上来讲对 PACTL 肯定是非常不利的。为此,PACTL 利用西货运站规划模式带来的灵活性,将 2 区、3 区分别出租给国航(CA)、联邦快递(FedEx)使用,从而大大提高了投资效率,降低了运营成本。

最终结果就是,尽管在西货运站建成投入使用正好赶上 2008 年国际金融危机的大背景下,航空货运行业受到了严重的冲击,但是西货运站投资 15 亿元,投入使用第一年就能基本实现收支平衡,第二年就能实现盈利。对于如此大型的投资项目,在如此恶劣的宏观经济环境下能做到这一点是非常不容易的。这里面西货运站采用综合型规划模式所带来的灵活性发挥了巨大的作用。

5.4.3 西货运区的模块化规划

除了 PACTL 的西货运站采用综合型模式外,从整个浦东机场西货运区来看,也是综合型的。浦东国际机场西货运区的灵活性如图 5-26 所示。

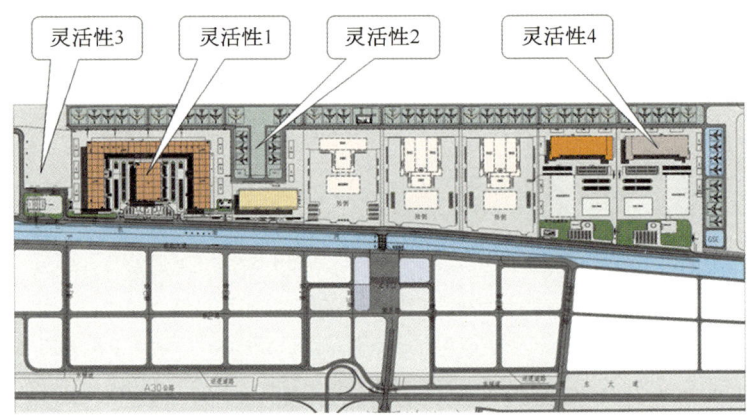

图 5-26　浦东国际机场西货运区的灵活性

由图 5-26 可知,整个西货运区可以大致划分为 8 个 400 m×400 m 的标准化模块,这些模块通过不同的组合方式可以建成多个货运站,包括 PACTL 的西货运站、东航货运站、DHL 货运站、UPS 货运站等。

不同航空货运公司(如 UPS、DHL)处理货物的方式是不一样的,对货运区的要求也不一样。所以在规划阶段很难掌握西货运区未来的发展和需求。在这种情况下,400 m×400 m 标准化的模块用地,基本能够满足目前所了解的几乎所有航空货运公司的需求,因此具有最大的灵活性或可能性。

如图 5-26 所示,其灵活性具体表现为:

(1) 两个单元模块可以组合,例如第一、二地块可以合建为较大的西货运站。

(2) 机坪可以引入地块内部,增加容量,例如第三地块。若西货运站运营管理的水平提高,处理能力得以发展造成空侧机位不足或者陆侧开面不足,可以根据情况灵活调整第三地块的建设方案。

(3) 货运区一侧可根据需要建设国内货运站或者机坪。

(4) 货运区一侧可以根据转运中心发展的情况增加机坪。

以上的诸多灵活性可以根据未来货运发展的各种情况进行变化,具有较大的灵活性,而这种灵活性则是由标准化模块的规划思想带来的。

5.5 PACTL 功能流程再造的原因分析

PACTL 西货运站和一期货运站相比，设施功能及流程设计的再造主要体现在五个方面：一是储存功能弱化，通道功能加强；二是货物处理信息电子化传递；三是工艺设备布置选型得到优化和提升；四是实行提前报关制度；五是货物处理流程精简。下面从三个方面来分析 PACTL 功能流程再造的原因。

5.5.1 航空货运量持续高速增长

近年来，随着经济全球化的日益深入，我国经济在快速发展的同时已经逐渐融入了世界经济市场。目前，跨国公司的产品在中国内地市场占有重要的市场份额，进口需求不断增加。同时作为世界工厂的中国的出口额也逐年增长，并呈现高技术含量和高附加值产品比例不断攀升的特点。

因此，我国航空货运量 2001 年以来一直高速增长，年平均增长率达 12.7%，远远超过了同期航空客运的增长情况。表 5-5 所示是我国 2001—2009 年以来的航空货运量统计数据。从中可以看出，即使在 2008 年、2009 年全球金融危机的大环境中，我国的航空货运量也依然保持增势。

表 5-5　2001—2009 年我国航空货运量统计数据

年　　度	货运量(万 t)	年增长量(万 t)	年增长率
2001	171.0	—	—
2002	202.1	31.1	18%
2003	219.0	16.9	8%
2004	276.7	57.7	26%
2005	306.7	30.0	11%
2006	349.4	42.7	14%
2007	401.8	52.4	15%
2008	407.6	5.8	1%
2009	445.5	37.9	9%

注：资料来源于国家统计局。

上海浦东国际机场是我国内地货邮吞吐量最大的机场。根据国际机场协会(ACI)的统计,上海浦东国际机场货邮吞吐量在 2006 年全球排名第 6 位,2009 年则名列全球第 3 位。

货运量的持续高速增长要求 PACTL 加大货运设施处理能力,加快过站速度、提高货物及单据处理的准确性。只有功能分区完善、面积设计充足、人员安排合理、工艺先进、设备优良、流程简单可靠的货运站才能满足货运量持续高速增长的使用需求,从而实现货站的高效运行,为客户提供日趋卓越的服务。

5.5.2 运输形式和货物流向等呈现新特点

在航空货运量迅速增长的同时,上海浦东国际机场航空运输货物的运输形式、货物流向和货物形态等方面都出现了新的特点。这些新特点对货运设施的功能、流程都提出了新的要求。

1. 货机增多,客机腹舱带货减少

2000 年,我国民航全行业共有运输飞机 1 165 架,其中全货运飞机 52 架,总商载吨位 3 154 t,客机腹舱货运吨位约 6 300 t,说明当时航空货运大多数是依靠客机腹舱带货实现的。但是由于航班数量、机型变更、行李多少及旅客人数等因素都会影响客机最终的载货量,腹舱带货的形式不能保证货物百分百准确、及时地送达客户手中。而货机由于载货量稳定,能在很大程度上避免这一问题。同时货机可以提前配仓,从而减少货物的等待时间,加快作业效率。

因此,近年来运输航班中货机比例越来越大。这就对航空货运站的处理速度和高峰处理能力要求达到了一个前所未有的高度,需要在货运设施的规划设计中突破传统模式、改进工艺设备、优化作业流程,在不降低服务水平的前提下尽可能提高货站处理速度和高峰处理能力。

2. 国际货多,国内货少

由于拥有独特的地理位置和丰富的航线资源,上海浦东国际机场发挥着我国国际航空货物进出口门户枢纽的作用。很多国内生产的高科技高附加值产品都是通过浦东机场被送往世界各地,同时有大批的进口货物选择从上海入关、转运、销往全国。因此浦东机场的进出港货物中,国际货占了大部分。PACTL 西货运站设计完全为国际货物进出港服务。与国内货物相比,国际货物多了海关监管流程和手续,处理更为复杂。大批量、高密度的国际货物处理是 PACTL 西货运站面临的一项挑战。

3. 出港货多,进港货少

自 20 世纪 90 年代实现贸易顺差以来,我国随着经济实力的增强,出口总额呈现快速增

长势头。表 5-6 列出了 2004—2008 年我国进出口数据,可以看出平均出口增长率高于进口增长率 2.8%。而在 2008 年发生世界经济危机之前,出口增长率每年高于进口增长率 5%～11%。从未来几年看,总体趋势依然是出口大于进口。

表 5-6 2004—2008 年我国进出口额统计数据

年 度	进出口总额（亿美元）	年增长率	出口总额（亿美元）	年增长率	进口总额（亿美元）	年增长率
2004	11 545.5	—	5 933.2	—	5 612.3	—
2005	14 219.1	23.2%	7 619.5	28.4%	6 599.5	17.6%
2006	17 604.0	23.8%	9 689.4	27.2%	7 914.6	19.9%
2007	21 737.3	23.5%	12 177.8	25.7%	9 559.5	20.8%
2008	25 632.6	17.9%	14 306.9	17.5%	11 325.6	18.5%
2009	22 072.0	−13.9%	12 017.0	−16.0%	10 056.0	−11.2%
年平均增长率	—	13.8%	—	15.2%	—	12.4%

注:资料来源于国家统计局。

浦东国际机场货运的实际运营数据也反映出出港货量比进港货量大。所以根据实际调研结合科学预测,PACTL 西货运站设计中采用 4∶6 的进、出口货量比例,并据此进行了功能区面积划分和工艺设备配置。

5.5.3 海关监管模式转变

1. 货物通关模式发生变化

传统通关模式下,根据国家政策规定,国际货物必须先报检、后报关,即货物运抵口岸,进入海关监管场所后,企业向出入境检验检疫局、海关进行报检、报关,海关按照审单、征税、查验、放行的程序实施监管。尽管出入境检验检疫局和海关均为国家口岸职能部门,但其操作相对独立,报检和报关不能同时进行。这在一定程度上阻碍了物流畅通,增加了企业通关的时间和经济成本。

而在新的通关模式下,货物进出口采取"一次申报,一次审单,一次查验"制度,积极推动航空口岸边检、海关、国检申报"三单合一"改革,并且推行"提前报关,货到放行"的监管新模式。在货物进口或出口之前,提前对申报情况进行预归类、预审价等综合分析,确定监管重点,为货物运抵后快速通关奠定基础。

实施大通关和电子口岸,最直接的目的就是提高效率,减少审批程序和办事环节。口岸各方建立快捷有效的协调机制,实现资源共享,通过实施科学、高效地监管,大幅度提高口岸通关效率,节约时间和经济成本,实现真正的"快进快出"。

2. 保税、监管仓库与货运站的分离

保税仓库是指经海关批准设立的专门存放保税货物及其他未办结海关手续货物的仓库。监管仓库是指存放已按规定领取了出口货物许可证或批件,已对外卖断结汇并在海关办完全部出口海关手续的货物的专用仓库。

传统的做法是将海关保税、监管仓库作为一个独立的空间设置在货运站内部。但是随着进出港国际货量的飞速增长和海关监管政策的变迁,保税仓库和监管仓库逐渐从货运站内部分离出来,成为货运区中的独立区域。而保税、监管仓库的功能也不再局限于货物的存储,成为能够对货物进行包装、分级分类、加条形码、分拆、拼装、打膜、改换包装等流通性加工的复合型场所。

5.6　PACTL 功能流程再造与运营管理变革

西货运站的作业流程增加了并行处理的作业数量,简化了作业步骤;引入提前报关制度,减少了单据处理时间;优化了功能分区,提高了处理能力和效率。这一系列的措施使西货运站的货物处理效率和可靠性大大提高,货物过站时间大幅缩短,更好地适应了流通速度日益加快的现代化航空货运需求。这些功能、流程、设备、设施的变化,也潜移默化地影响和改变着 PACTL 的运营管理。具体表现如下:

1. 对 PACTL 经营风格和管理理念的影响

运营管理中管理者的态度非常重要。为了适应西货运站新的功能流程变化,PACTL 的管理者必须具备长远的战略眼光和变革精神,改变落后的管理方法和作业流程。当然新的管理方法和作业流程也会带来新的风险,PACTL 的管理者必须审时度势,做好有利与不利两方面因素的分析,有计划、有步骤地选择和实施。

2. 对 PACTL 组织结构的影响

PACTL 的组织结构以流程为导向,内部管理体系与作业流程有效契合,合并或取消传统的职能机构,取而代之以专业技术部门,并且大大弱化部门的边界。PACTL 始终以一个整体面向用户,员工直接服务的对象是顾客,而不是"上级领导"。这一变化过程也要求 PACTL 增加内部管理幅度,减少管理层次,变横向型任务管理为纵向型业务流程管理;变传统的数据分

散、重复的采集、处理、存储为一次录入、实时处理和共享存储,进而引起 PACTL 内部资金流、物流和信息流的变化。

3. 对 PACTL 内部管理的影响

由于流程变革与内部管理之间的相互作用关系以及作业流程过程本身就是一个动态优化的过程,企业内部管理也将动态变化发展,并根据外界需求变化而作出调整。随着功能流程的变革,PACTL 的内部管理也显示出动态化、过程化的特征,一方面通过对作业流程的分析,剔除非增值作业,实现流程的最优化;另一方面保证最优化流程的有效运行,并在此基础上根据客户不断变化的需求产生最优的流程,以实现内部管理的目标。

总的来说,航空货运站行业的再造、变革相对于其他创意新兴产业还是比较缓慢的,这与国家的海关、贸易、物流政策的特点紧密相关。现在 PACTL 作为行业领袖和市场领导者,必须很谨慎地对待新的再造和变革,避免引起市场出现动荡,以尽可能长地维持现有竞争优势。

浦 东 国 际 机 场 货 运 站 规 划 与 运 营

第 6 章

西货运站与物流产业园

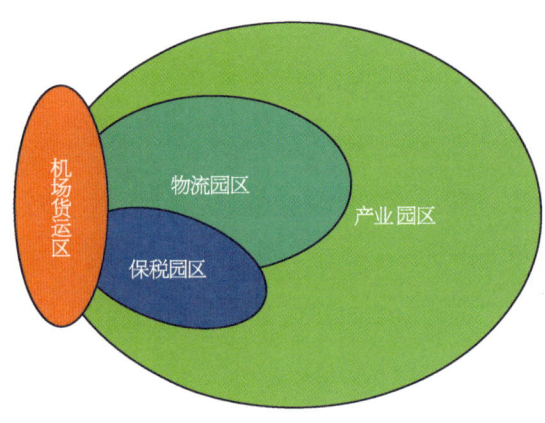

图 6-1 物流产业链的空间布局

航空货运物流产业链是以机场的航空货运站为龙头的,在货运站的后方,也就是货运站的腹地,可能发展出保税园区、物流园区、产业园区等各种生产生活设施群(见图 6-1)。这些园区都有与机场货运设施直接对接的强烈需求,这种对接做得越顺畅便捷就越有价值。因为在运输中最大的成本发生在"装"和"卸"上,所以,如果能够用拖车承担飞机与工厂、仓库之间的运输,就会大幅减少装卸工作量,产生巨大的经济价值。这才是临空的价值和意义所在!

航空货运会历经一个从服务城市经济到带动城市经济发展的过程,需要慎重确定项目、合理制定建设规模,分期分批、循序渐进地不断推动,才会实现航空物流业的可持续发展,为城市培育出一个物流产业集群。一旦这样的物流产业集群形成,又会反过来推高机场的货运量。

在航空货运物流产业链上,机场集团具备产业龙头优势,可以因地因时制宜地参与到各种运输、安检、仓储、包装、加工、生产、财务、金融、生活服务等项目公司的投融资、建设、经营管理中去,以期收回部分机场建设运营所带来的经济效益。但是,大家要特别记住的是:越靠近货运站(产业链的源头)我们越有优势;越远离货运站,我们越容易失败。因此,掌控货运站,千方百计地加强货运站与我们参与的项目的关系是非常重要的。

上海机场集团为了搭建货运物流业发展的良好平台,2016 年组建了"上海机场集团物流事业部"与"上海机场(集团)有限公司航空物流发展有限公司",实行"两块牌子、一套班子、合

署办公"。该平台的主要职责就是规划、运营好上海机场的货运区及相关园区,保障它们的可持续发展。

该航空物流发展有限公司经营航空物流设施建设、运营管理,与国内外航空运输有关的地面服务,对外技术合作、咨询服务,供应链管理,第三方物流(除运输),与航空物流相关的房地产开发和对外投资,物业管理,会议及展览服务,代理母公司有关业务。考虑到产业链生产运营上的紧密性需要,上海机场集团公司对货运物流产业链上投资的项目公司,均交给该航空物流发展有限公司来经营管理。PACTL 和上海浦东国际机场西区公共货运站有限公司(PACTL-West)均在其管辖之下。

6.1 西区公共货运站的融资模式

如前所述,上海浦东国际机场货运站有限公司(PACTL)是由上海机场(集团)有限公司(51%)、德国汉莎货运航空公司(29%)和上海锦海捷亚国际货运有限公司(20%)共同投资设立的。该项目公司用 41 495 万元一次性租赁上海机场集团所有的货运站设施 20 年,负责经营机场一期货运站(所有租赁的货运设施总投资为 41 495 万元)。到 2006 年底,PACTL 已有 11.7 亿元总资产,2006 年全年处理 97.7 万 t 货物(其中国际货 95.2 万 t,国内货 2.5 万 t),实现主营业务收入 10.1 亿元,净利润 6.3 亿元。

随着浦东国际机场二期工程的建设,浦东国际机场西货运区形成。上海机场集团又通过 PACTL 投资建设了西区公共货站。PACTL 西区公共货站位于拥有 38 个货机停机位的浦东国际机场西货运区最北端,毗邻浦东机场第三跑道西侧,总占地面积约 36.51 万 m^2,年设计货物处理能力 120 万 t。货站周边已规划建设包括自贸区、物流园区、转运中心、代理海关监管库及海关报关中心和检验检疫等一系列配套设施。

PACTL-West 由上海浦东国际机场货运站有限公司(占 56%股份)、中国国际航空股份有限公司(占 39%股份)、新鸿基北京物流发展有限公司(占 5%股份)投资组建,总投资 33 亿元兴建(见图 6-2)。西区公共货站自 2008 年 12 月 1 日起正式投入运营,并由 PACTL-West 委托 PACTL 负责经营管理。对于机场当局来说,通过 PACTL 投资 PACTL-West 不仅保证了货运专业业务的扩展延续,还达到了以最小投入控股机场西区公共货站的目的。

今天,上海浦东国际机场货运站有限公司已经成为世界上屈指可数的优秀航空货运站管理公司。自公司成立以来 20 年时间,共给上海机场集团缴纳了约 40 亿元的股东红利,成为上海机场集团最优秀的投资公司,没有之一。20 年来,PACTL 无论是在经济效益,还是在社

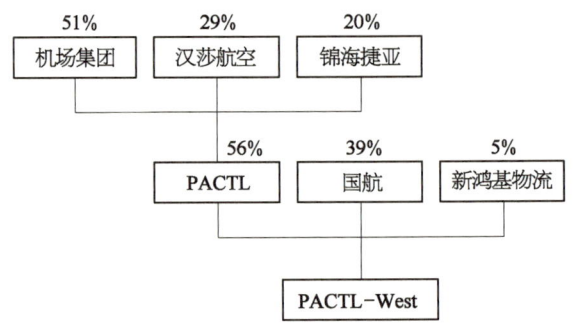

图 6-2　浦东国际机场西区公共货站融资模式

会效益方面都为上海机场集团、为上海市做出了巨大贡献。如今,PACTL已经成为航空货运行业的典范,也是上海机场集团的一张靓丽名片。

6.2　西货运站的地位和作用

PACTL-West 在浦东国际机场的货运市场上拥有不可忽视的地位。其运营管理的一期货站、东货运站、西货运站等,承担了浦东国际机场一半以上的货运量,加上它市场中心化的特征,以及高效可靠的运营管理,为在浦东国际机场运营的其他货运站树立了榜样,成为了领跑者,事实上已经掌握了浦东国际机场货运站服务的定价权。

上海机场集团通过控股 PACTL,又通过 PACTL 控股 PACTL-West,实现了对浦东国际机场货运产业链的管控,成为上海国资的一个经典力作。特别是在西货运区和浦东国际机场综合保税区的规划建设中,PACTL-West 起到了排头兵的作用;在西货运区和综合保税区的运营中,PACTL-West 也将起到最关键的作用,它一定是浦东国际机场货运物流产业链上的核心(见图 6-3)。

航空货运站发展的趋势就是功能越来越复杂、建筑体量越来越大。当然,效率也越来越高。具体一点,就是货运站"大型化"和"集约化"。在土地条件比较好的机场,比如浦东国际机场,地价还不是那么高,就出现了西区公共货运站这样的案例。而在某些土地资源紧张、地价很高、征地困难的机场就会出现多层货运站,香港国际机场的超级货站就是一个很好的案例。

浦东国际机场西货运站在规划设计的时候,就考虑了1、2、3区是内部贯通的一级货运站,三面临空的规划极大延伸了货站空侧开面,是对空侧资源的高效利用。这样的规划也让

图6-3 浦东国际机场西货运站

1、2、3区的功能具备更灵活的调整空间,在达到设计饱和货量之前,可根据运营发展在不同阶段的需求对内部的功能、流程及作业模式进行灵活调整。4区是能与货站连为一体的代理作业区,目前用于出港代理的集货和打板区,进行了相应的安全监管和监控的升级调整,使得货站整体的出港效率大为提升(见图6-4)。

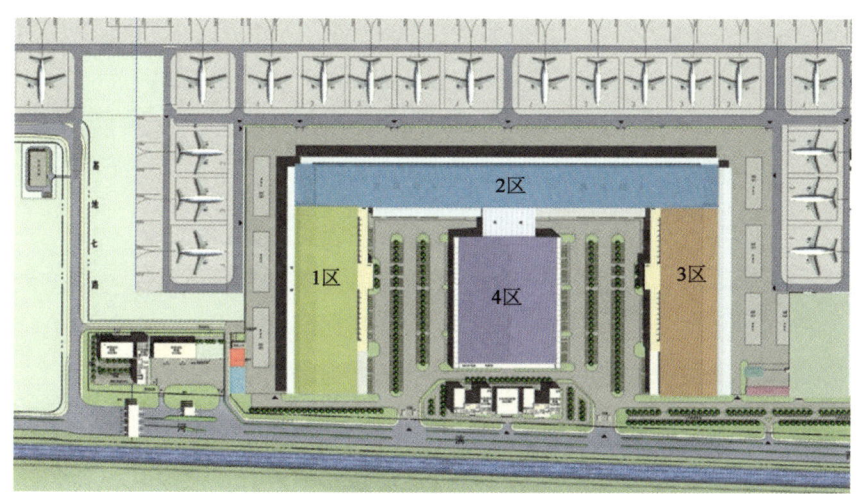

图6-4 浦东国际机场西货运站总图

随着浦东国际机场航空货运业的飞速发展,货运量急剧增长,货物通过货运站的时限要求不断缩短。这些变化因素使货站的存储功能日趋弱化,货物流通速度不断提升,同时也衍生出将各种功能集中以提高效率的需求。特别值得一提的是货代客户自行打板及"T货"等新的功能需求。所谓"T货",是指不在货站进行分拣、理货作业,在下飞机后货站直接与代理交接的货物。在浦东国际机场西区公共货运站就设置了 T 货处理区(见图 6-5)。为了顺应这种作业模式的发展变化趋势,加强货运站作为连接货主与航空公司的通道功能,浦东国际机场西货运站做了许多探索。

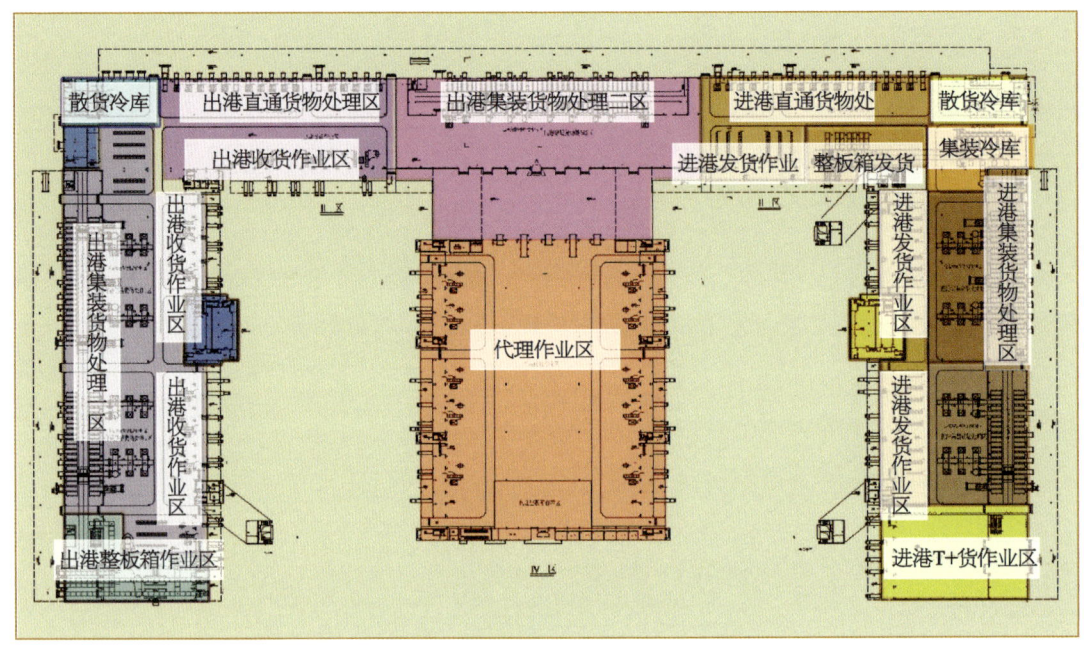

图 6-5 浦东国际机场西区公共货运站功能分区

浦东国际机场西区公共货运站在功能分区设置和区域面积分配方面,更加注重加快货物流通速度和提高货物处理效率,实现货物的快速过站。大量出港直通货物处理区、出港集装箱货物处理区、进港直通货物处理区、进港集装箱货物处理区,以及出港整板整箱处理区、进港 T 货处理区等的设置,不仅提高了西货运站的处理能力和效率,而且大大加强了西货运站与综合保税区的联系,提高了综合保税区的价值。

6.3 西货运区与物流产业园区

货运区是航空物流产业链的龙头,是连接空陆之间的关键环节。机场货运区的布局直接影响整个航空物流产业链,还影响整个机场周围区域的航空物流效率、市场应变能力和持续发展潜能。

以机场货运区为中心,向陆侧延伸方向会聚集多种类型的物流设施,直至形成园区,这是连接机场货运区与机场周边核心产业,以及整个城市核心产业的物流过渡环节。航空物流园区的主要作用是集中和疏散航空货物,有些航空物流园还具有政策优势,例如综合保税区的保税政策,就特别有利于国际货物的集散。机场物流产业园区既要与机场货运区有便捷的连通,又需要满足下游临空产业发展的需求,还需要有可持续发展的空间。

6.3.1 西货运区货运设施规划布局

机场货运区内主要的设施包括:一级设施,即货运站(国内货站、国际货站、邮件中心、快件转运中心等);二级设施(代理仓库、快件中心、跨境电商仓库等);监管设施(海关卡口、海关围网、查验场地、查扣库、空防围网、空防道口等);配套办公(业务办公、出租办公、便民设施、食堂餐厅等);公用配套(变电站、消防站、污水站等)。现在大家都更重视智能化、人性化货运区的打造,提升整个区域的智能化管理,配置完善的便民设施。智能化管理体现在:设置车辆自动识别系统、全区域智能监控、停车场叫号系统等;便民体现在:配置银行、便利店、食堂、餐厅、公共卫生间等设施。

浦东国际机场西货运区是一个功能设施相对完备,比较典型的机场货运区,设施主要包括:海关卡口、货运站、代理库、危险品库、维修设施、配套办公及公用设施配套(消防站、变配电站等)。在货运区西侧一河之隔(机场红线外)规划了综合保税区和普通物流园区,综合保税区与西货运区相邻规划是希望实现统一监管,无缝对接,从而形成机场物流产业园区的形态(见图6-6)。

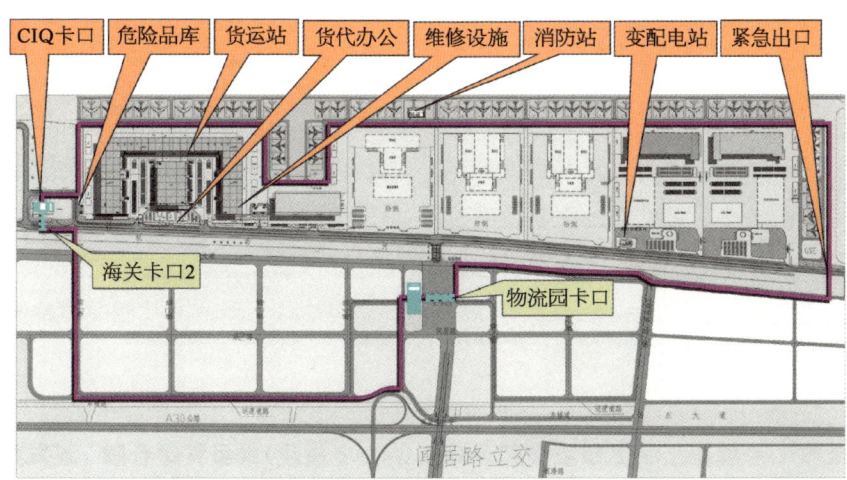

图6-6 浦东机场西货运区设施布局示意图

除了与空侧联动的货运作业,机场货运区还需要满足海关的分类监管要求和其他口岸部门和安检部门的要求。国内、国际货运设施要进行分隔,国际普货、国际邮件、国际快件及跨境电商等货物处理设施和区域需要分隔监管,这也会影响机场货运区规划布局。

对于国际货运区来说,海关监管设施是十分重要的。其选址和功能、流程的设计都关系到监管的便利性,即货物通关的时效性,这是国际货运运作效率高低最重要的指标。我们在设计西货运区主卡口时难度很大,即要满足高峰时刻大量车辆的进出,又要满足查验和非查验区域的相对独立,确保进出卡口的交通流线与查验区和非查验区都能顺畅连接。在西货运区海关主卡口处,我们规划了完备的海关查验所需要的设施,包括:进出卡口、边防海关办公设施、查验场、查验站台、扣留库等,如图 6-7 所示。实现了出港车流、进港车流、被检车流、扣货车流流线顺畅,并满足海关的监管查验要求。

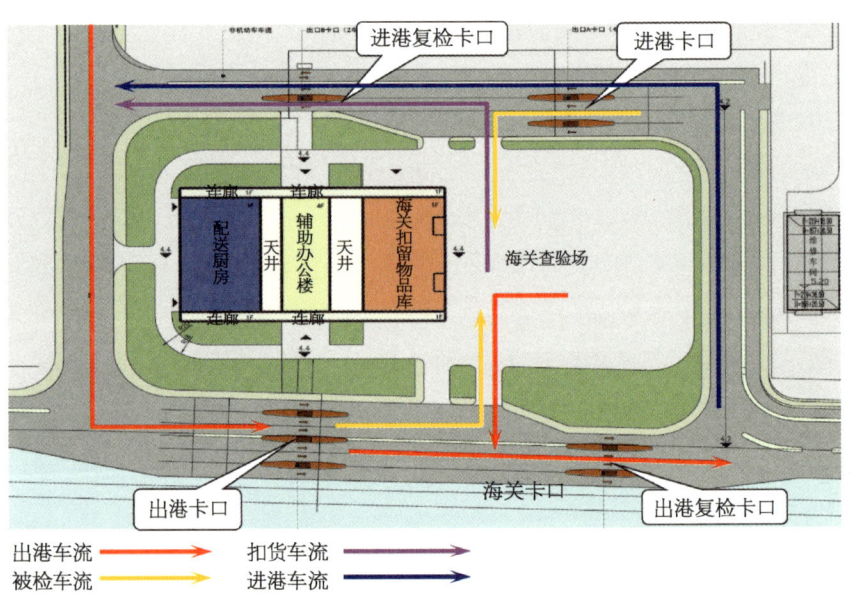

图 6-7　浦东国际机场西货运区主卡口设施及流程

围界是很重要的监管设施。由于货运区、保税区等分属不同的海关监管部门,会有不同封关要求,甚至围界的规划设计规范也会不一样。我们需要做好相关协调工作,在规划建设方面既要最大限度地满足监管查验要求,又要敢于担当、勇于创新。最后,还不要忘了做好与围界一体化的巡场路的规划设计。

6.3.2 西货运区与物流产业园区的监管模式

浦东国际机场西货运区与综合保税区是统一规划的,为了使整个区域效率高、交通便利,两个区域一河之隔。在申请综合保税区时,我们把机场西货运区也纳入综合保税区范围内。当时在交通和卡口管理方面做了很多工作,主次卡口的设置、卡口的联动管理、内部道路的联通等,都为两片区域最终实现统一监管打好了基础。

然而在实际作业过程中是很难实现的,至今也没有完全实现。首先,很明显两块区域的管理方是不同的:一块由浦东新区管理,一块由民航管理,他们各自推行的政策也有区别。其次,实操的监管又分为三个部门:一个是海关机场处,一个是海关综合保税处,还有一个是机场空防管理部门。三个部门的政策法规、工作方式、管理目标等都是不一样的。

两个园区的一体化规划建设,必须充分考虑各自运营主体的要求。首先机场货运区五家运营商均有国际中转需求,都在各种设施内运作国际转运业务,统一纳入自贸港将有利于开展国际转运业务。同时各家都有和航空密切相关的规模不大的保税运作需求。因此,西货运区纳入综合保税区必须以不影响其现有运作流程为前提。也就是说,建设方案必须满足"货物和物品在综合保税区、货站等作业地,以及综合保税区与境内其他地区之间进出的,都要按规定办理手续。"且机场西货运区一般进出港货物分拨到第一、第二监管区的现有运作模式也不能改变。建设方案还必须满足"货物从其他口岸进出境的,按规定办理手续后可直通进出综合保税区",且空运国内转国际的货物运作不受影响。这样一来,最终方案仅海关就在两个园区设置了三个卡口,两个园区也被不同的围界分隔了(见图6-8)。

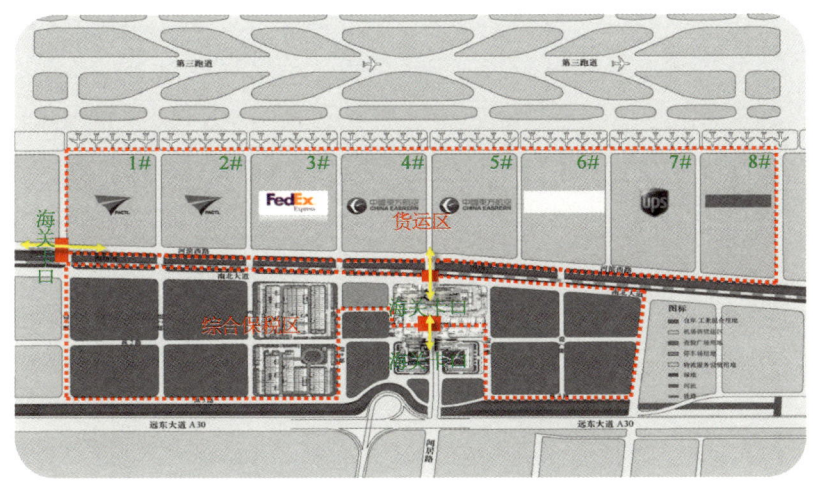

图6-8 浦东国际机场综合保税区监管模式

浦东国际机场综合保税区在这样的两区一体化规划模式下,还是对产业链的拓展起到了一定的积极作用。在一系列港区联动措施的推动下,充分发挥了综合保税区的政策优势和货运区的区位优势,加快了货物流通,促进了货运产业、仓储产业和物流产业的发展。以这种"相邻型"的模式带动临空产业链的联动发展。通过货运区与综合保税区的整合和集成连接了保税物流区和货运区。西货运区在综合保税区内,作为综合保税区内的航空口岸,服务综合保税区内的企业,也找到了自己新的定位(见图6-9)。

图6-9 浦东国际机场综合保税区现状

浦东国际机场的案例还是很有代表性的,初始阶段机场方只是规划了机场的西货运区,实际是由机场海关监管。原本考虑用不了那么多土地,是否将监管仓库、保税中心、加工中心都一起规划进来。后来与浦东新区一起申请了保税区,再后来又升级为B型保税物流中心,又进一步变成了综合保税区,现在又升级为自由贸易区(见图6-10),下一步还可能变成自贸港区。这就是一个典型的机场货运物流园区发展的过程。还好,我们在规划之初就前瞻性地为后来的发展预留了充足的可能性和灵活性,很好地适应了后来的设施发展、政策开放,以及管理流程的变化。

第6章 西货运站与物流产业园

图6-10 浦东国际机场综合保税区卡口和综合服务中心

6.3.3 货运物流园区演进

就如上述浦东国际机场案例一样,几乎所有的机场综合保税区都有一个逐步发展进化的过程。其实我们所做的一切都是为了提高整体物流效率,都是为了打通物流产业链。所谓打通产业链,首先就是要理清楚产业链上的各环节之间的内在逻辑关系。其次还要适时制定出相应的监管政策,这也是一个非常重要的影响因素。货运物流园区的演进就是沿着这两条主线进行的:

一般情况下,有机场就有货运站,有货运站后,为了货物的储存、打板等业务就需要有一定的仓储设施。这就是最初的货运物流设施。随着货运量的增加这些货运物流设施也会增加,逐步就会出现一个小型的物流园区。

当机场有了国际航班后,上述物流设施就会需要增加海关的监管,于是所有的国际机场都会有监管区。再随着货运量的进一步增加,这些监管区中仅仅只能做最简单的运输业务就越来越不能满足要求了。比如许多货物并不入境,只是在这里做一些拆解和拼装。于是新的保税功能区就开始产生了,依储存、拆解、拼装、包装、加工、生产等需求的不同,A型保税物流中心、B型保税物流中心等不同类型的保税区就纷纷出现了。

当监管区、保税区的产业发展到一定程度,对产业链完整性的要求就会出现,与之相适应的商务服务、技术服务、金融服务、贸易服务等功能就必须引入。这时候就出现了综合保税区。当然,将来随着对园区平台开放、自由度的进一步提高,还会催生自由贸易港区。

在这个全球化的时代,许多产业链都是跨区域跨国家的,都需要甚至依赖保税政策来降低成本、提高产业链效率。机场保税区、综合保税区甚至自贸区正是为此而生的。如果一些中小机场货量较低,只要有国际航线,那么就可以先从监管区、保税区入手,这是比较容易批准的。还可以在货站内设置保税库,先做起来再说,达到一定的量再去申请保税区、综合保税区。毕竟,能够起步是很重要的。

因此,我们从监管的角度看不同的机场货运物流园区,实际上也可以认为是在全球一体化背景下,货运物流园区发展演进中的不同阶段。就像一个外星人来到地球上,看到儿童、少年、青年、中年、老年的人类,就会理解人类的成长过程一样。

第 7 章

机场冷链设施规划

7.1 我国冷链物流的发展趋势

根据我国近年来冷链物流的发展,我们可以看到未来发展的一些倾向。

(1) 生鲜电商快速崛起,具有流量支撑的第三方物流有望进行整合。近年来生鲜电商开始加入冷链物流大军(见表7-1)。生鲜电商的平台效应带来巨大的流量,为冷链物流企业提供了大量订单。同时生鲜电商的发展吸引了大量资本的涌入,融资规模越来越大,且资金逐渐向头部聚拢,显示出市场逐渐进入整合的趋势。虽然生鲜电商百花齐放、数量众多,但是大部分企业还是处于亏损状态,这主要在于冷链产品保管的高标准和冷链物流服务的不完善造成的严重损耗。因此,探索出适合的冷链物流模式对生鲜电商而言十分必要。

表7-1 近年兴起的生鲜电商平台做冷链物流的四个代表模式

模式名称	特点	具体描述
顺丰冷运模式	利用快递企业的优势与"顺丰优选"生鲜电商平台配合提供"电商+物流"综合服务	整合顺丰物流、门店、电商等资源,为"顺丰优选"的客户及其他冷链需求客户提供冷运干线、冷运仓储、冷运宅配,生鲜销售,供应链金融等一站式解决方案。现已拥有4条省际干线、6条城际干线、120辆自有冷藏车,7 733辆外包冷藏车
京东商城模式	电商开拓冷链市场	2015年1月,京东组建生鲜冷链项目组。同年11月,京东物流冷链配送面向京东平台卖家、生鲜垂直电商全面开放
河南鲜易供应链模式	传统肉制品制造商和O2O生鲜供应链服务商联合开拓冷链市场	定位于生鲜供应链解决方案运营商,为零售业、餐饮、终端消费者提供运输和仓配一站式服务
九曳供应链模式	独立第三方冷链物流	提供加工、包装、冷链宅配等"一站式"服务,现已开通北京、广州、上海、成都等冷链集散中心,整合上百条冷链干线,宅配可覆盖25个省份、100个城市

生鲜农产品的生产本身就不像电子产品这类人造产品那样容易实现标准化、规模化生产,这促使大电商绕过复杂的多级批发商网络,直接向原产地农民进行采购,基地直采的模式就兴起了。这样不仅能从冷链源头把握产品的质量,并将终端的消费需求准确传达给生产地农民,对他们的产品标准进行把控。还能减少中间多个批发、中转流程,产品采摘后直接分拣、包装、运输,节省15%左右的成本。

另外,新零售时代下,生鲜电商开始尝试"去中心化"的物流配送模式,通过去库存来减少成本的投入和冷链产品的损耗。如出现门店和仓库功能合二为一的"门店仓"模式;深入社区、更加贴近消费者并且投资较少的线上社区"O2O"前置仓模式;线上线下物流一体化的"门店前置仓"冷链仓配模式。这些新的配送仓储模式不仅满足了客户对品质和服务的需求,同时也能避免从中心仓库直接发货导致的成本过高、受交通状况等条件的限制等情况。

(2) 新技术、新设备逐步成熟,大数据将推动冷链产业上下游环节打通。对于中国企业来说,积极引进、学习国外先进的冷链物流技术,是实现飞跃的关键。在日本、加拿大、美国等发达国家,已经广泛运用了自动化温控检测技术,实现产品低温环境下分等级运输和产品的监管溯源。加拿大最大的第三方冷链物流企业 Thomson Group 不仅拥有自动化水平极高的大容量冷库,同时公司所属的"三段式"冷藏车通过卫星监控和自动控温,可以同时运送三种不同温度下的货物。日本冷运则通过使用保冷车和冷冻车两种不同运输设备,其中冷冻车中搭载有实时监测温度的记录器,帮助工作人员判断温度变化的时间和原因;保冷车本身不具有制冷功能,通过保持低温运输货物,车内有 GPS 和通信装置,可以发送车辆位置和开关门等信息。上述企业在温度、油耗、车厢开门次数等方面实现了全面监控与管理,但还无法做到发现温度变化及时进行处理,只能等到事后寻找原因。

大数据、区块链、云计算等信息技术未来将与冷链行业深度融合,在智能匹配、数据采集处理、物流信息溯源方面发挥重要作用。在仓内运营方面,通过仓内搬运机器人,运用自动识别技术、自动化技术实现仓内无人化管理。基于物联网技术的进步,未来不仅能够对车辆实施高效率调配,对位置实时定位,监测温度,同时还可以通过远程温控技术调控温度。现阶段基于电子化软件技术开发出的 OMS、WMS、TMS 系统被很多企业采用,有利于整体效率的提升。未来随着大数据技术的发展,其功能将更加完善,规模较大的企业对各个分散环节的管理将更加方便,将彻底打通整条冷链。更多先进冷链技术的运用将会提高全程冷链可视化水平,使客户、消费者及其他冷链参与方可以实时了解产品状态。

(3) 去库存、降成本、补短板。冷链行业去库存的前提是提高冷库周转率。企业可以采用信息化手段,及时获取货品的库存和销售数据,精准预测市场需求,为采购和库存管理提供有效依据,从而提高仓储的周转率。降成本实际上是稳成本。目前冷链行业正处在发展时期,冷链物流运输成本保持着高门槛的价格。从整个社会来讲,社会基础设施建设、企业投入都在增长。上下游供应商和客户都倾向于协商出一个相对稳定的价格。为补我国生鲜物流冷链运力不足之短板,生鲜电商中需要冷链运输的产品超过50%,但目前只有10%真正使用冷链。大多数生鲜电商自建冷链物流令成本陡增,国内还没有一个完整的生鲜物流配送体系,包装、仓储、配送等各个环节尚未打通。

7.2 备受关注的航空冷链物流

最早的航空冷链物流可以追溯到1928年。当时的荷兰皇家航空公司开创了航空冷链物流的先河,它将75 t重的鲜花、水果和蔬菜空运到伦敦。1969年,美国推出了世界上首个冷藏航空集装箱,使标准化运输成为可能,此后航空冷链物流得以蓬勃发展。

航空冷链的核心是空中运输,利用具备适航的设备工具,依托地面运输,让温度敏感物质保持在一定的温度、湿度、光线和压力等条件下。航空冷链物流主要使用客运腹舱或全货机,搭载标准的温控集装箱。通过冷却媒介、温控运输工具等完成空中运输,并以冷藏卡车接驳运输。

航空冷链运输的主要货物为食品和医药健康类药品。据统计,在全球最畅销的医药产品中,有20%属于温度敏感型产品。而且这些产品中相当大一部分具有较强的时效性。比如所有疫苗和68%的生物科技产品必须在2~8℃的温度条件下存放和快速运输。

近年来,我国航空冷链物流市场需求旺盛。一方面来自消费市场对温敏物资的需求日益扩大,另一方面来自消费市场对商品品质要求的不断提高,一些对品质要求比较高的商品也进入温敏物资行列,致使航空冷链物流的市场日益扩大。一些鲜活易腐货物、生物制剂、医药用品及精密仪器等关系到消费者食用和使用安全的温敏物资亟需航空冷链运输。

航空冷链物流是航空物流的新的增长点。航空冷链物流运输是冷链物流中效益最高的运输方式。相对于铁路、公路、海运,航空节约了更多的时间,降低了运输过程中的其他成本,从而成为耗时最短的冷链运输方式。同时,航空冷链运输为航空公司提供了较高的利润,成为航空货运新的增长点。据国际航协对航空货运市场分析,航空冷链运输收入占航空公司货运收入的12%,目前仅鲜活易腐和健康产品就占了总货量的15.5%。

2020年3月24日,李克强总理主持国务院常务会议。会议指出:"我国国际航空货运能力存在明显短板,当前受疫情冲击国际航空客运萎缩,导致客机腹舱货运大幅下降,对我国产

业的国际供应链带来较大影响。要采取有效措施提高我国国际航空货运能力，既着力保通保运保供、支撑国内经济，又推动增强我国物流行业国际竞争力。具体来说，一是要加强国际协作，畅通国际快件等航空货运，对疫情期间国际货运航线给予政策支持。鼓励采取租赁、购买等方式增加货机，支持货运航空公司壮大机队规模，发展全货机运输。发挥市场机制作用，一视同仁支持各种所有制航空货运市场主体发展，鼓励航空货运企业与物流企业联合重组，支持快递企业发展空中、海外网络。二是要完善航空货运枢纽网络。对货运功能较强的机场，放开高峰时段对货运航班的时刻限制。在京津冀、长三角、粤港澳和成渝等地区具备条件的国际枢纽机场实行24小时通关，提高安检和通关效率。三是要健全航空货运标准体系，推动货运单证简化和无纸化，建立航空公司、邮政快递、货站等互通共享的物流信息平台。加强清关、货代、仓储等物流服务。加强现有机场设施升级改造，完善冷链、分拣等设施。有序推进以货运功能为主的机场建设。"随后，国家发改委、交通运输部、民航局都提出了支持航空货运物流发展的相关政策。

航空冷链物流运输是航空物流运输中效益最高的运输方式，将成为我国航空货运和航空物流的新的增长点。现在，浦东国际机场的货运站、货运区、物流园区内，与冷链物流相关的设施还非常缺乏，已有设施的标准也不够。因此，对航空冷链物流设施的投入将是未来一段时间的热门话题，航空冷链物流的规划建设课题需要我们抓紧研究。

7.3 浦东国际机场冷链货站的规划及融资模式

2015年，浦东国际机场货运站有限公司（PACTL）的冷链货站（Cool Center）建成试运营，成为我国机场内规模最大、标准最高的单体冷链货运站。山东疫苗事件以后，冷链货站的医药冷链业务得到快速发展，占据了约80%的全国医药市场。山东疫苗事件是指2016年3月，山东警方破获案值5.7亿元的疫苗未经严格冷链存储运输销往24个省份近80个县市。这些疫苗在运输过程中全部变质，造成了严重的后果。案发后，相关部门才发现具备冷链物流条件的航空基础设施极少，浦东国际机场货运站的冷链货站是具有国际卫生组织许可的，是国内最好的冷链物流中心。于是大量进口医药都走浦东国际机场货运站的冷链货站了。

浦东国际机场货运站的冷链货站位于 PACTL 一期货运站场的院内，库区面积3 500 m²，年处理能力10万t（见图7-1、图7-2）。设施建造按照1万/m²的建设费用，冷链货站总投资（不含土地费用）约为3 500 万元。冷链货站设置了冷藏集装库、散货库，冷冻集装库、散货库及集装板存储区，鲜活易腐存储区，涵盖了−18～8℃、2～25℃、15～25℃三个温度区间(见图7-3)。冷链货站直接连接机坪和陆侧,提供完整、便捷的进出港处理流程(见图7-4)。

图7-1 浦东国际机场冷链货站的位置

第 7 章 机场冷链设施规划

图 7-2 浦东国际机场冷链货站的外景

 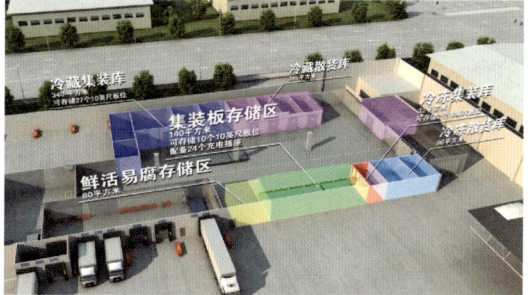

图 7-3 浦东国际机场冷链货站的设施布局

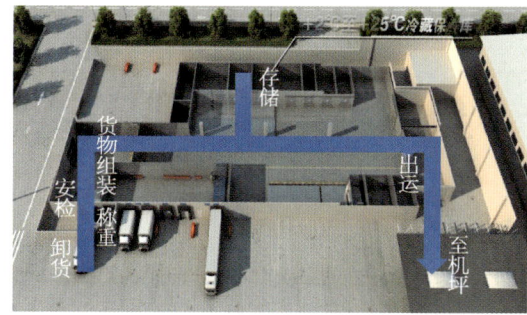 

图 7-4 冷链货站的航空口岸货物出港(左)货物进港(右)流程

冷链物流的安全和效率关乎国计民生,浦东国际机场货运站冷链货站的经验为冷链物流产业的发展做出了新的、较大的贡献:第一,解决了冷链运输中在传统环节容易出现的断链问题,大幅提升了航空冷链物流服务在机场环节的品质和效率。第二,使得市场上资金实力不足的物流商也能有机会享受到冷链货站便利、高效的服务,激发了市场的活力。第三,通过硬件设施的保障,能有效避免"疫苗事件"及类似的悲剧重演,有助于提升政府信誉。

浦东国际机场货运站冷链货站是国内第一家真正意义上的独立冷链货站。第一,它做到了冷链货物无需再进入传统货站处理。第二,它拥有独立、完整、便捷的、直抵机坪的进出港流程。第三,它实现了冷链货站所有冷链货物处理的全部功能,包括:独立的出港货物交货区和进港货物发货区;独立的出港货物组装区和进港货物分解理货区;满足各种需求的冷库储存区;独立的控制中心。

浦东国际机场货运站冷链货站的建设和运营还灵活地、创新性地运用了PPP的方式。冷链货站是由浦东国际机场货运站有限公司提供场地,第三方投资建设的。建成之后由第三方有偿租赁给浦东国际机场货运站有限公司使用,浦东国际机场货运站有限公司支付租金。这种投资、建设、运营一体化的模式是公司组建之后浦东国际机场货运站有限公司最大的一次创新(见图7-5)。它的创新性表现在:第一,运用PPP模式中资产剥离(divestiture)私有化的方式,引入第三方社会资本投资建设,确保了项目快速建成、快速投入使用。第二,浦东国际机场货运站有限公司在PPP模式中创造性地扮演"政府"的角色,极大地扩展和

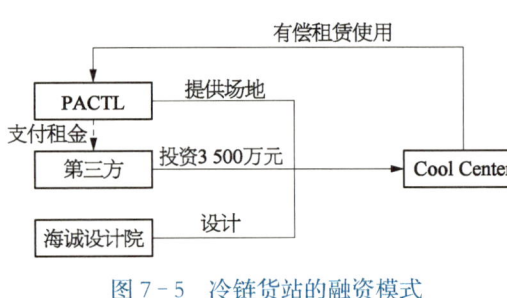

图7-5 冷链货站的融资模式

丰富了公私合营的内涵。第三,项目以临时设备的名义灵活操作,规避了固定资产投资繁琐冗长的审批程序,但可能仍然存在政策法规的隐忧。亦即,有人依然认为它是一个"违章建筑"。我曾经为冷链货站解脱:"你可以认为冷链货站就是浦东国际机场货运站有限公司租来的一个大冰箱。它就不是一个建筑,而是一个临时租来放在那里的一个大设备。"

无论如何,浦东国际机场货运站冷链货站的建设和运营是在PACTL董事长的领导下,浦东国际机场货运站有限公司的一次大胆创新。不仅需要拥有强烈的创新意识与敢于担当的精神,而且要有精通业务、了解市场的功底。冷链物流是未来航空物流发展的方向之一,冷链货站为浦东国际机场闯出了一条路,功不可没。

冷链货站投入使用之后可谓供不应求,获得了很好的市场反响,于是机场内又陆续改建投用了一系列航空冷链设施。目前浦东国际机场共有冷链设施面积近8 000 m^2,冷链设施面积占货站总面积的2.1%。其中PACTL拥有冷链设施4 300 m^2(占1.8%),东航货站拥有冷链设施3 650 m^2(占2.5%)。目前主要服务的货物品类是药品、生物制剂;其次为食品和农副产品;工业试剂和精密仪器需求增长很快。

表7-2 浦东国际机场各货站的冷链设施规模

所属		货站面积(m²)		冷链设施面积(m²)	备注
PACTL	冷链货站			3 500	CEIV认证
	东区冷库	228 000	4 300	30	—
	西区冷库			770	—
东航货站	医药冷库			670	GDP认证
	物流中心冷库	144 000	3 650	1 270	—
	其他区域冷库		—	1 710	—

7.4 机场冷链物流设施的发展策略

从浦东国际机场冷链物流设施的发展历程来看，要特别关注以下几点。

第一，要聚焦冷链货站设施，充分发挥"通道"功能。航空冷链物流有七个主要环节，但机场的核心竞争力和优势仍在于货站的"通道"功能。对于机场来说，要整合产业链，在上下游拓展业务，难度较大。从其他环节进入，门槛虽低但市场竞争激烈，利润率不理想，从经济角度而言，不值得参与。即便是紧邻的存储、轻加工、配送等环节，从放水养鱼做大航空冷链物流市场的角度看，也不建议参与。从长远看，尽快完成从传统货站冷库到冷链货站的升级转型，实现服务能级和品质的跨越式提升，抓紧时机占据航空冷链物流高端市场，是较为明智的选择。

第二，要灵活设计投融资模式，规避政策法规风险。当前，国家对于基本建设程序的管理越来越规范，也越来越严格。作为业主方，投资新建冷链货站存在用地性质、报批程序等一系列复杂的、不确定的因素。相反的，航空冷链物流市场的变化非常快，波动也较大，需求的时效性也很高。如果严格按照基本建设程序执行，很可能错失市场机遇。因此，进行变通将设施自建转变为租赁使用，既规避了行政审批和行业法规的不确定性风险，又及时满足了当前的市场需求，并提前占据了市场的高端份额，可谓一石三鸟。

第三，要做好市场布局，打造多用途冷链货站。冷链货站的最佳布局是紧邻原普通货站，且服务于多种品类的冷链货物。既符合原航空公司、货代和货主的使用习惯，进出机坪便捷，又能够提高使用效率，减少空置。以浦东国际机场为例，近期可以结合市场需求，在西货运区、东货运区的货站内抓紧选址建设或改造扩建。从远期看，可以在四五跑道间机场码头附近，与普通货站一起,规划选址建设新的冷链货站和冷链物流园区。

第四,要提升全环节冷链品质,培育专业化冷链团队。从温度和时间两个维度全面提升机场冷链设施品质,提高机场地面服务操作的冷链设施水平,减少出现断链的可能性。应成立专业化的、独立的冷链货站经营管理团队,加强冷链生产、操作培训,满足冷链发展的人才需求。高端的专业化队伍是很重要的,冷链物流在物流业里是专业化很强的一个板块,从业人员需要经过多种培训和从业资格认证才可以持证上岗。

浦 东 国 际 机 场 货 运 站 规 划 与 运 营

第 8 章

结 语

PACTL毫无疑问是成功的,这一点从其市场占有率和利润率这两个主要指标就可见一斑。从市场占有率来看,浦东国际机场所有的外国航空公司都是其客户,其货物处理量约占整个浦东国际机场货物吞吐量的40%;从利润率看,其每年上缴的利税远远超过同行业竞争对手。

有人说PACTL的成功是因为"来得早"。固然机场方早就看好浦东国际机场航空货运发展,提前布局,但是早在PACTL成立之前,上海的航空货运市场最大的占有者是基地航。浦东国际机场的基地航货运站于2000年正式运营,与PACTL成立的1999年末相差无几。而且提前打入某个领域和市场,与发展成市场的领导者,两者之间不可同日而语。也有人说PACTL的成功是因为"做国际货挣钱"。诚然处理国际货物的利润要高于国内货物,为了追求利润PACTL处理了大量的国际货。但是这只是结果,而非原因。

所以PACTL的成功还有更深层次、更本质的原因。本书认为PACTL的成功主要来自四个方面:现代国有控股企业的公司治理及人的重要作用、运营管理与功能流程的升级再造、服务性企业的中性和独立及其精细化的内部管理、独创的效率优先的营销服务网络。

更进一步的,上述四个原因可以归纳为"便捷"和"便宜",即"高效率"和"低成本"。PACTL的全部成功都能归结为对"提高效率"和"降低成本"的不懈追求。

8.1 现代国有控股企业的公司治理及人的重要作用

PACTL成立伊始,就通过富有创意的投融资模式巧妙实现了所有权与经营权的分离,规避了国有资产转移可能带来的风险。在所有权与经营权分离的条件下,PACTL建立了良好的公司治理结构。

公司治理也好,内部管理也好,归根到底最初的制定者和最终的执行者都是人。只不过

第8章 结 语

公司治理的制定者是出资方、股东的代表人,执行者是职业经理人;而内部管理的制定者是职业经理人,执行者是普通员工。人的因素在 PACTL 成功的过程中发挥了难以替代的作用,甚至可以夸张地说,如果不是那些人,PACTL 也不可能走向今天的成功。

8.1.1 公司治理

从 PACTL 股东-董事会的股权关系安排到董事会-总经理的委托代理关系安排,无一不体现出其创立时对公司治理的精细考虑。如果 PACTL 没有健全、完善的公司治理结构,没有练好内功把自身做精做强,即使有机场方大力支持,也是很难获得成功的。

航空货运业又是一个受外部环境约束非常多的行业,PACTL 面临一系列的政策制约,例如民航业的法律法规、海关边检的规定制度等。纯粹的外资企业或者民营企业很难独立经营航空货运站。

PACTL 把柔和作为处理对外关系的主要方针。所谓柔和,表面意思是柔软温和,实际上含义很深刻:柔者,曲直也;和者,天下之达道也①。在对外关系上,PACTL 不能太直,有时候只能曲,否则企业就要经营不下去;PACTL 也不是说一味地柔,PACTL 始终坚持走自己的路,也做一些力所能及的改变,但是遇见企业实在不能改变的,就有点和光同尘的意思②。

8.1.2 职业董事长的重要作用

实际上在人的因素中,除了职业经理人,职业董事长的作用也非常重要。如果一家公司,董事长事无巨细都亲自过问,管得比总经理还细,那会给企业带来很严重的问题;更糟糕的是董事长一旦有了私心,以权谋私,那么给企业带来的将是巨大的伤害和灾难。

机场方的主要领导在 PACTL 合资过程中,能够从合资企业的利益出发做出重大决策;在担任 PACTL 的董事长之后,在日常经营管理中尽量减少对 PACTL 的干预,并主导明确了PACTL 中性、独立的公司定位,为企业发展打下了最为坚实的基础,体现出良好的职业道德。

正是在董事长的垂范作用带动下,PACTL 的经营管理层和普通员工上下一致形成了良好的企业职业道德的局面。

---

① "柔者,曲直也"取自《说文·木部》中的"柔,木曲直也"。"和者,天下之达道也"取自《中庸》中的"和也者,天下之达道也"。

② "和光同尘"取自《道德经》中第五十六章的"知者不言,言者不知。塞其兑,闭其门,挫其锐,解其纷,和其光,同其尘,是谓玄同"。

8.1.3 经营者的重要作用

PACTL 拥有优秀的职业经理人管理团队。正是依靠这些专业、敬业的经营管理者，PACTL 才能不断取得成功。

PACTL 第一任总经理，是一位来自德国的优秀的职业经理人，具有良好的职业道德和业务能力。正是他一手缔造了 PACTL 的内部管理体系和经营管理方法，同时也给 PACTL 带来了西方的企业文化，这些都为 PACTL 的发展作出了重大贡献。没有他，PACTL 的发展和成功至少会减缓和延迟。

PACTL 第二任总经理，出身于政府机构、国有企业。通过在 PACTL 长时间的工作中已经成长为一名优秀的职业经理人。作为一名机场方派出的总经理，为了保持 PACTL 的中性、独立，付出了比前任更多的心血和汗水。如果不是他在任上的优秀表现，PACTL 很难继续发展和成功，很可能就沦为普通的航空货运站。

8.2 运营管理与功能流程的升级再造

在传统航空货运站功能流程中，货运站的重要功能之一就是"存储、集散"。货运站通常设有较大的货物存储空间，以满足监管存储的要求。随着航空货运业的快速发展，货运站的功能流程呈现出新的特点。在航空货运量持续高速增长、运输形式和货物流向变化、海关监管模式改革的多重影响下，航空货运站逐步从"存储型"向"通道型"转变，货运站存储空间大大减少，货物在货运站停留的时间越来越短。

为了适应市场和外部环境的变化，PACTL 有针对性地进行功能流程的再造。从 PACTL 一期货运站与西货运站的比较中不难发现，功能流程的再造主要集中在以下三个方面：

（1）国际国内、进港出港作业流程变化。主要包括：增加并行作业，缩短货物站内滞留时间；尽量使货物在集中的地点进行作业，避免不必要的搬运；同时通过设备和人员合理、充足的配备减少货物处理中的等待时间。

（2）功能分区和人员调整。主要包括：新增货代打板区、T 货处理区；扩大货车和小汽车车位；增设叉车停车位；合理配置人员，货运站面积扩大四倍，而人员只扩大两倍。

（3）工艺设备优化革新。主要包括：取消设置立体库和散货架，而仅设了必需的集装货架；TV、工作台、安检机、地磅、叉车等常规设备配备数量明显增加；大量引入条码和手持终端；配置直通集装货处理系统。

PACTL 功能流程的再造，为 PACTL 的经营管理及其成效的取得奠定了坚实的基础，大

第8章 结 语

大提升了 PACTL 的货物处理效率,降低了成本,主要表现为以下四个方面:

(1) 释放了航空货运站的存储空间,大大提高了货运站运转效率。原来货物在货运站至少需要存储 48 h 以后才能上飞机,现在则只需要 24 h 甚至更短就可以上飞机,理论上使货运站的处理能力提高了一倍。

(2) 节约了机坪和空侧资源,提升了机场土地的利用效率。航空货运站紧靠货运机坪建设,占用宝贵的空侧资源。相比之下,机场海关监管仓库的设置条件要宽松得多。将货物存储功能从寸土寸金的货运站移出,转移到海关监管仓储区,符合节约资源、合理利用土地的基本国策。

(3) 提高了货物的准确性,减少了拆箱退货的情况。原先货物在报关前就送达货运站,货运站对货物集装打板后进行存储。如果货主在报关中出现问题,某票货物被扣留或取消,那么这票货物要拆板,并从货运站中退出。这样不仅浪费货运站资源,而且给飞机配载等工作带来风险。

(4) 海关监管仓库功能从货运站外移,催生了一大批专业监管仓储公司,在浦东机场范围内建造了大量海关监管仓库。正因为这些,货运站得以更专注于货物处理而不是存储,顺利向"通道"转型,符合专业化、社会化的大趋势。

8.3 服务性企业的中性和独立及其精细化的内部管理

PACTL 的中性和独立,不是针对职业经理人与公司董事会而言的,而是针对职业经理人与公司股东而言的。股东与董事会之间是股权关系,董事会与职业经理人之间是委托代理关系,股东不应该直接插手职业经理人的经营管理。

PACTL 的中性和独立,可以从三个方面来理解:一是保持市场上的中性,对于所有客户一视同仁地提供服务,不偏不倚,不因为是股东汉莎航空、锦海捷亚的客户就额外照顾,也不因为是陌生客户就怠慢疏忽;二是保持经营管理上的中性,严格划清股东-董事会与董事会-职业经理人这两级关系,避免了大股东对公司经营管理可能产生的操纵;三是保持行政管理上的中性,杜绝国有企业官僚体制的影响,生产经营中以客户为导向,而不是以行政指令为导向。

PACTL 的内部管理是在公司总经理领导下的一个金字塔结构,主要指对企业内部具体经营及生产活动的管理,相比公司治理更具体和更微观。总经理处于塔尖,基层管理人员处于塔基,涉及战略、文化、财务、绩效、薪酬、人力资源、生产服务等各个方面。

PACTL健全、完善的公司治理是其内部管理有效运行的保证和前提，是内部管理的制度环境。内部管理处于公司治理设定的大环境之下，是公司治理内容中关于生产经营方面的延伸和具体化。

正是在健全、完善的公司治理环境中，PACTL的内部管理体系才能真正发挥作用，提高企业的经营效率与效果；反之若没有PACTL的公司治理，无论设计如何有效的内部管理制度也会流于形式而难有好的效果。

8.4 独创的效率优先的营销服务网络

中性和独立的服务为PACTL赢得了市场的肯定和大量的客户。事实上PACTL一直在外部营销服务网络的构建上不懈地努力，一方面通过努力争取赢得更多新的客户，另一方面尽可能为客户提供全方位的服务。PACTL除了传统的货物处理业务，还针对航空公司、代理和货主的需求，开发新的业务，实现向航空货运产业价值链上游和下游的延伸。其中比较成功的就是货代自行打板业务和卡车航班业务。

PACTL开通的卡车航班业务，是飞机-汽车转换的中转联程服务，实现了航空货运站与目的地仓库的点对点连接。国内发达的高速公路网络为卡车航班提供了时间上的有效保障。通常国内航空货物的周转周期约为48 h，卡车也可以在48 h内从全国大多数地区到达浦东机场。

随着浦东机场航空货运业的发展，其航班积聚效应越来越明显，每天拥有众多往返全球各地的航班。而国内很多机场，每周、每天都只有为数不多的几个国际航班。所以外地客户如果从起运地机场直接将货物运送到国外目的地机场，反而不如从外地将货物用卡车运到浦东机场，再从PACTL运到国外目的地机场更加高效和便宜。正是在这样一种新形势下，催生了大量的陆-空中转联程服务需求。

卡车航班最大的意义在于通过高效、低成本的竞争优势，大大拓展了PACTL的货源。传统观念中认为浦东机场货物的主要来源是长三角地区。通过卡车航班业务，PACTL将全国都变成了浦东机场的腹地。在PACTL的"一条龙"服务中，全国的货物都可以通过卡车运输到PACTL，然后从浦东机场流向全球。

便捷和便宜是PACTL成功的两大法宝。公司治理和精细化的内部管理毫无疑问提高了PACTL的运营管理效率，有效降低了企业内部成本。服务的中性和独立为客户提供了一个公平、公开、公正的市场环境，也提高了PACTL为客户服务的效率，并降低了客户的中间

成本。流程再造的根本目的就是提高货物处理效率、降低货物处理成本。而卡车航班等营销服务也是以提高服务效率,延伸价值链,降低客户成本为出发点。

PACTL处理货物的速度快,时间短。只要货物从客户手中交到PACTL手中,PACTL高速运转的服务网络将会以最短的时间、最快的速度将货物送上飞机、送达目的地。例如一票货物从始发地送到目的地,客户通过卡车航班先将货物送到PACTL,然后从浦东机场飞抵目的地,可能比客户从始发地机场直接飞抵目的地机场还快,这一点对国际货物来说尤其明显。在航空货运中,便捷就是最大的优势和竞争力,是航空货运的生命。可以说效率决定成败,PACTL的便捷迎合了航空货运的特点,取得成功顺理成章。

PACTL在航空货运产业链中减少了中间环节,降低了中间成本,间接扩大了利润。虽然单从货运站的货物收发、分解组合、安检存储等传统项目的收费上看,PACTL未必比同行业的竞争对手便宜,但是PACTL通过加强内部管理和延伸外部营销服务网络,延长了PACTL的利润链条,压缩了中间环节的成本,获得更高的利润。所以说PACTL的便宜,并不是指收费低。实际上PACTL的营销定位和收费略高于竞争对手。PACTL的便宜更多地体现为对成本控制的不懈追求。

因此,如果用一句话来总结PACTL的成功的话,那就是PACTL赢在"便捷"和"便宜"。

浦 东 国 际 机 场 货 运 站 规 划 与 运 营

附录

课题验收会专家发言记录

⊙ 专家一：

这个研究报告(指本书)我总体感觉做得还是比较实在。我有时候也在思考PACTL的成功基因，和报告里写的不一定完全一样，无非是角度有所不同。下面我讲几点我的感觉，希望对课题组有所帮助。

第一，正确的前期决策。就是在一个正确的时间进入了一个正确的市场。 PACTL的成功前期规划和决策功不可没。在当时的条件下，要投资这么多、造这么大的货运站，是很需要商业眼光的。当时也有一些大型国企想进入，但后来一犹豫，最后就没机会了。所以说决策不是那么容易做出的。当时中国企业对于投资的赌博心态不像现在这么严重，投资还是比较谨慎。现在大量企业在投资决策上赌博心态很重，胆子很大。

上海机场在当时建造这么大的货运站，然后真正进入货运市场，是非常正确的决策，这个正确的决策是PACTL成功的前提。所以我觉得前期决策的正确至关重要。

第二，对于市场的理解。 PACTL成立之初就定位为中性的服务商。当时主要考虑是中性的服务能够尽可能扩大市场基础，把股东的影响中性化。

第三，稳定的质量和管理团队。 PACTL从战略上考虑，在所有客户中要抓住核心客户，就是航空公司。对于航空公司而言，最重要的因素就是质量稳定，并不要求质量非常高，但一定要稳定，并且是可预期的。在稳定、可预期的质量方针指导下，PACTL很少有特别处置质量事故或突发情况。例如航空公司忽然为质量问题找上门，这种情况相对比较少。

但PACTL近两年碰到新的挑战，特别是国航作为股东进入西货运区货站以后，国航不断有新的想法。好处是创新性多，但是这样容易导致稳定性弱。稳定性减弱不利于PACTL对市场的管控。市场是需要控制的，不能让市场出现大量新的变化冲击，否则最后很可能丧失对市场的把握，无法实现可持续发展。总的来讲，PACTL对市场的掌控是比较成功的，说保守也好，稳健也好，至少是把市场控制住了。

为了维持服务质量，使客户便捷，PACTL对客户使用的终端设施投入了大量的成本，例如信息系统等。所以PACTL并不是一味地追求便宜，也尽可能为客户提供便捷。报告总结便宜也是对的，便宜才有市场竞争力，企业内部成本一定要控制。这里便宜是指对内部成本的管控，不一定是销售价格便宜。通过内部管控将企业运作成本降下来，这才能获得更高的利润。

管理团队的稳定跟航空货运站行业的市场环境相关。这个行业需要稳定，PACTL不希望现有市场模式频繁变化。大量新的变化冲击对PACTL不利。有些企业由于行业所处环境的关系需要不断有新的冲击，但航空货运站行业不一样，稳定的模式才是适合 PACTL 的。

第四，适当的管理。PACTL 的管理可以说精细化，说适当也可以。有的部分 PACTL 不做精细化，因为投入很多，最后收益很小。这就需要有所比较，有的部分精细化，有的部分粗放些。这种适当的管理对于股东和董事会的管控机制、运转技巧要求非常高，实际的工作内容也非常多。

当然公司在实际运转中还会有各种矛盾和问题，但总的目标是一致的，即 PACTL 必须盈利，长期地盈利。在 PACTL 盈利的导向下，管理层就明确了方向。为了实现长期的盈利，就要进行员工管理、风险管理、收入管理、成本管理、目标管理、市场管控，并确保这些管理措施的长期性。

PACTL 在员工管理方面的做法是保持稳定的管理团队，然后在董事长的支持下每隔几年补充一些新鲜血液，对中层干部进行轮换和调整。这带给管理团队一个提示，就是会有新的冲击，大家不要睡着。

另外就是对风险的规避。风险规避是为了企业安全，例如经营上的应收账款，应该随时随地保持警惕，谨防对企业造成伤害。

还有对职业道德的提倡和坚持。PACTL 管理层内部对职业道德要求很高，提倡和坚持职业道德，要求所有员工职业，把工作当成长期的职业。PACTL 容许非主观的失误，对员工一般工作过失的容忍度比国企要高。因此 PACTL 和员工并不是进行短期签约，而是长期签约。这意味着绩效考核周期比较长，使得员工短期行为相对较少，不是说在 PACTL 做一做就走。这一点无论中方还是外方都形成了共识。对总经理的绩效考核来说，未必在经济上报酬多高，但至少给总经理一种个人荣誉感，让他觉得领导对他是充分关心和肯定的。这其实是一种隐含报酬。

第五，谨慎的流程再造。因为 PACTL 面对的是一个半开放半封闭的市场，其变化并不是特别快速。在找不到比现在更好的盈利模式的情况下，PACTL 是希望现有的盈利模式能够持续更长时间的。PACTL 尽量控制市场不要变得太快。因为变得快就说明控制力弱，PACTL 就很难长期去控制市场。因此 PACTL 更强调稳定运转。

我的理解就是这些。当然我是从好的角度去说，其实也有很多值得改进的地方。

⊙ 专家二：

这个课题主要研究管理，我觉得很有意义。PACTL 成立于 1999 年年底，到现在是 12 年。PACTL 的成功实际上涉及两部分：一是在企业运作之前的前期决策过程；二是组成合资公司以后的经营管理过程。前期决策、经营管理两部分相辅相成，缺一不可。

目前考虑到 PACTL 还处于一个竞争的行业和市场里，还不够强大，所以建议报告暂时不要公开。我指的不够强大是 PACTL 市场份额还不够大。特别是上海机场两个主要基地航空公司合并以后，PACTL 始终有危机感和压力。当然 PACTL 凭借过去 10 多年的积累，即使今后遇到一些挑战和压力，也要比一般企业的情况要好。但是 PACTL 还想继续保持领先地位，报告里的内容又很容易被学走。当大家没有什么压力时，同行不需要来学习；当市场有压力经营比较困难时，就可能会来学。所以报告暂时还不能公开。如果将来公开的话，效果可能会更好。

当然如果在学校里讲企业管理，我觉得这些研究内容是可以讲的。PACTL 的成功在任何大学里讲企业管理都可以做范例。因为作为一个企业，航空货运站本身没有多大的技术含量，又是在起步阶段处于一个竞争市场环境下的"弱势"地位，PACTL 取得这些成就确实非常不易。

1999 年的情况是上海机场的一个主要基地航空公司几乎垄断了上海航空货运货物地面处理的市场。机场觉得这种垄断状况不利于市场长期发展和公平原则，而且国家行业主管部门也有相关要求,所以考虑给市场引入新的竞争者,维持正常的市场秩序。因而机场在浦东国际机场一期工程立项中加了个货运站项目,没想到一不小心创造出了一个名牌企业。PACTL 现在至少在亚洲地区已经小有名气。

当时浦东机场一期工程规模在社会上遭到一些非议,有的认为建设超前了,是形象工程。在这种情况下,PACTL 前期决策阻力挺大。所以这就回答了为什么当时很多企业感兴趣,但最终不敢来投资机场货运站这个项目。

这些年来,PACTL 创造了很好的社会效益和服务质量品牌,同时也为投资方带来了丰厚的利润回报。上次 PACTL 的新董事们来了之后,开董事会稍微总结了一下。要让新董事知道:第一,PACTL 给股东的回报已经足够多;第二,随着市场环境的变化,未来 PACTL 的经营压力会越来越大。

机场对西货运区货站投资模式的决策很正确。如果西货运区货站不是现在的合资方式,那 PACTL 和西货运区货站都很难经营。目前这种模式使 PACTL 得到可持续发展,而西货运区货站则可以顺利起步并有可能成为一个新的名牌企业。

西货运区货站又新增了国航、新鸿基两个股东。新鸿基在物流领域是很专业的,国航在业内知名度也很高。开了几次董事会,他们对 PACTL 的管理也觉得非常好。

西货运区货站总投资规模那么大,按道理讲成本已经很高了。当时觉得经营压力很大,测算下来要超过一定吨位的货物处理量才能盈亏平衡。但在去年这种情况下已经有比较高的净利润,今年净利润更高。投资回报期 30 年,这才刚刚开始,头两年回报已经这么好。其他投资方觉得这个很了不起,对企业创造的社会效益和经济效益相当满意。

西货运区货站的案例又是两部分,一个决策,一个经营。当时有很多想法,说 PACTL 搞那么成功,干脆再去直接投资控股西货运区货站。如果那样的话,肯定两败俱伤。

西货运区货站和 PACTL 是两个独立核算的公司,PACTL 是西货运区货站的股东,西货运区货站又委托 PACTL 运行管理。东西区一体化管理,劳动生产率更高。PACTL 一套机构管理两个货站,除现场操作人员外,其余部门没有重复。

受国际金融危机的影响,浦东机场整个货运站设施面临着很大的挑战。所以说,如果没有这种模式,西货运区货站也是不可能这样顺利起步的。

报告把 PACTL 的成功归结成两点:便宜、便捷。我也不反对。但是便宜容易误解成价格便宜,实际上 PACTL 不是价格便宜。它原来的营销定位是要高于竞争对手的。所以 PACTL 不是价格便宜。我赞同 PACTL 的便宜是指降低成本,是成本管控的一种手段。实际上 PACTL 在成本控制上下了很大的工夫。PACTL 好的办公室都是租给客户航空公司,差的留着自己用。PACTL 给董事长也留了一间办公室,但是在董事长的要求下,经营层拿出去租给航空公司了。所以董事长在 PACTL 是没有办公室的。PACTL 的会议最少,文字总结最少。开经理年会,领导没有稿子。董事长讲话没有稿子,总经理讲话也没有稿子,讲完以后也不发文件。但是召开董事会时,经营层的汇报都有很正规的书面文件,经董事会确认后就以此指导全年工作。

我讲几个我认识到的 PACTL 成功的原因,你们这个报告可以不修改。如果觉得有些地方有道理,可以参考。

第一,得益于宏观面。宏观面有两个最重要的因素。一是航班,如果不是 2002 年上海机场大规模的"航班东移",PACTL 不会有今天。没有国际航班,PACTL 就没有市场。二是上海城市发展的魅力。改革开放以来,以上海为核心的长三角的制造业一直走在全国前列,带来大量的货物。如果没有上海进出口货物的大幅增长,

PACTL 也很难成功。

第二,得益于股东的支持。股东方不干预 PACTL 日常经营管理。董事长作为股东方的代表,除了特别重大的事件,对 PACTL 没有任何干预。除了不干预,股东方还给予 PACTL 很多支持,利用各自的优势帮助解决困难。

PACTL 的模式,我们觉得挺特殊,实际上对德国人来讲很普通。汉莎在以前也是有点傲气的,一直觉得 PACTL 成功第一是他们的功劳。后来慢慢地他们也认识到离开机场他们也做不到这么好。为什么这么说,因为汉莎在全世界有很多货站,但是像 PACTL 这样成功的,它没有,所以现在汉莎特别看重 PACTL。

现在德国人对 PACTL 党总支活动、工会很理解,还是支持的。现在党员可以组织出去活动,红色旅游也可以搞。不像以前党员开会,得下班以后。德国人也承认,这些活动是在为企业服务。

机场方在场地、配套设施方面对 PACTL 也给予了大力支持。一期货运站设计处理能力只有年 34 万 t。正是在机场方的帮助下,PACTL 增建了国内货库等设施,使一期货运站实际处理能力超过 100 万 t。没有机场方的支持这是不可能实现的。

汉莎对维持 PACTL 的价格体系给予了大力支持。目前汉莎在 PACTL 的价格仍高于其他航空公司。汉莎派驻 PACTL 的代表非常敬业,顶住了汉莎货运航空的压力。目前有些企业就面临一个问题:谁是股东,就始终还是国内传统思维,不能正确区分股东方和合资单位的关系,觉得我是股东,为什么不给我的货价格优惠和特殊流程,让我便宜一点、快一点。实际上这恰好是 PACTL 成功的原因。PACTL 保持经营管理上的中性,对所有客户一视同仁,并不因为是股东就特别关照。

第三,得益于体制机制。PACTL 股东方和董事会的关系、董事会和经营层的关系都非常明晰。简单讲就是该管的一定要管,不该管的一定不能管,可管可不管的就不管,给了经营层很大的自主权。

董事长虽然定期会去 PACTL,但到生产现场的次数屈指可数。平时除了总经理汇报重大事项需要决策,其他的基本上就放权了。既然 PACTL 有专业的管理团队来经营,就应该抛去各种行政上的干预,真正做到不该管的不管。作为董事长,管好并开好董事会。董事会决策以后就应该由经营层去实施。

董事会审查 PACTL 预算时并不苛刻,不要求利润指标特别准确。并不像有些国企,预算利润指标超了就很麻烦。但对于投资,董事会是严格控制的,规定今年投多少,那不能超。关于预算董事会只关心业务量、成本和利润的变化关系,其他的不看。例如预算利润指标 3 亿,你做到 6 亿,董事会绝对不会说你预算不好。因为这个你也没办法,市场本身有很多情况无法事先估计和控制。如果你逼着他强调预算的准确性,结果就是赚到 3 亿时,他就把钱藏起来,这个有前车之鉴。例如货量增加 20%,利润增加 30%,成本增加 10%,这是好的;如果货量增加 20%,成本增加 30%,利润增加 10%,那就有问题。这时董事会就会开始提问。总的来说,董事会预算控制的重点是投资和成本,一定要把投资和成本控制住。

对于机场方委派到 PACTL 的高管,权责利中,利还没有涉及。因为国有企业没有办法给他太多利。按道理讲应该重奖,因为 PACTL 已经创造了数倍于投资的净利润,而且 20 年的经营权还没到期。奖他几百万、几千万都应该,但是没办法。所以只有责权是清晰的、到位的,利是不到位的。

外方高管这几年一起把企业管理得很好,效益也很好。董事长会按董事会的意见在年底给外方发点奖励。但这个奖励和他们创造的财富相比是微不足道的。

这是体制机制,就是要管控界限明确、责权分明。

第四，得益于管理团队。现在很多合资公司的股东是国有企业。股东争合资公司的财务总监、人事经理等。我认为合资公司管理团队，尤其是总经理确定以后，其余管理人员应该尽量通过社会招聘选择优秀的。汉莎先后给 PACTL 派过一任总经理和两任副总经理，这三任都很好。现在除了财务总监由于历史原因是机场派的，其他的部门经理包括人事经理全是社会招聘的，已经基本消除了股东方的痕迹。

后来 PACTL 与国航、新鸿基合资西货运区货站，国航想派个财务经理，其实"没有必要，也没有用。作为投资方任何时候都有权查看财务数据，不放心可以来审计，没有必要再派人"。如果股东方的人进入管理团队，在日常经营管理中又始终带着委派方的痕迹，股东方太强硬了叫中层管理人员怎么办，听母公司的还是听总经理的？肯定会听母公司的。所以西货运区货站的财务经理是通过社会招聘来的，既不是机场的，也不是汉莎和国航的。

PACTL 现在的管理团队很多人都是社会招聘的。我觉得社会招聘很好。社会招聘以后，你干得好就干，干不好请你走人是很容易的事情，合同到期不跟你续签就可以了。不会像国有企业或股东派进去的人，你没有办法。我觉得就是要消除股东在管理中的痕迹，消除得越干净越好。经营管理公司是职业经理人的才能。

PACTL 的精细化管理也得益于管理团队。PACTL 的管理很细，讲正式一点就是精细化。现在所有的企业都讲质量、讲价格、讲营销、讲信誉，但 PACTL 真正做到了管理精细化。他们每月都列出很多项目，对所有涉及和客户打交道的甚至不跟客户打交道的项目进行质量打分。这在国内可能算做得比较早的或者做得比较完善的，而且一直坚持下来。

PACTL 对客户航空公司分类，每月例行地根据不同的分类给所有航空公司一张打分表，请客户打分。客户反馈精确到零点几分，每月都是如此。然后根据反馈分析缺陷，凡是分数不理想的，可以在具体环境下改进，而不是笼统地让客户点评服务好不好，好中差打一打，太笼统了没有用。这样才能真正体现客户就是上帝。这也是为什么说 PACTL 的服务质量管得好的原因。

价格什么时候涨什么时候降也很有研究。金融危机当然要降。当价格成为主要因素以后，服务质量的高低他已经不在乎了，这时顾客会选择价格最便宜的，金融危机就是这样。例如客户航空公司总部削减预算了，顾客就没有多余的钱。总部给的成本是 2 000 万，超过就没有钱了，如果 PACTL 价格高于 2 000 万，这时即使竞争对手质量再差顾客也会去的。所以 PACTL 要及时降价。

决定降价以后，怎么降、降多少、降多长时间、有什么样的条件，都要事先想好。不是说光降下来，降下来还要随时准备升回去，这是前提条件。我们只是考虑到这段时间金融危机，为了大家同舟共济才会降价。最近 PACTL 的价格一直在恢复。这就是为什么 PACTL 对外方副总经理、营销经理的工作非常赞赏的原因。营销经理是社会招聘的，现在已经被提升为营销总监。

正是他们一家家航空公司去跑，付出了很大努力，PACTL 的价格才能降下去又恢复过来。这很不容易，要拉回价格是很难的。目前 PACTL 基本上价格都拉回来了。所以说如果没有精细化的管理，根本就不可能降价了再恢复。什么叫精细化管理？这就叫精细化管理。

PACTL 搞营销从来不送礼。PACTL 在客户营销上就是一年一次新年酒会，把客户请来欢聚一次，摸摸奖品，表达感谢。有时和客户组织羽毛球赛，其他没有任何请客送礼。

PACTL 能够在信誉、价格、质量、营销等方面做到这样真的非常不容易。一定要有一个职业化的管理团队，否则一般企业谁愿意这样一趟趟去和客户谈价格。在一个竞争市场中，价格降下来很容易，再往上升是十分困难的。

第五，得益于董事会和管理团队主要负责人的稳定。PACTL的董事长和总经理已经搭档了两届。当然PACTL在前面的发展是很重要的，但后面的发展也很关键。董事会和管理团队主要负责人的稳定，对政策延续很有好处。外方也比较稳定，外方第一任总经理没办法，说好只当四年，第二任、第三任至少是干完四年。

我刚才讲到的归结起来一句话，就是按照公司法来做。我们都已经认识到了这一点，而且这方面有很多的法规和条文，但非常可惜就是实践跟不上。董事长如果说常去公司"检查、指导、发号施令"的话，肯定影响经营。公司部门经理该换谁就换谁，给董事长说一下就可以了。董事长从来没有说这个人不行，我还有一个人要安排。如果说董事长安排几个部门经理进去，总经理还怎么开展工作。所以说应该按公司法做，在董事会决策之后董事长不应该干预经营层日常管理。谁该干什么，责权要非常明确，剩下的就是靠他们管理团队。只有这样，管理团队才可以放开手脚，只要是有利于公司发展的事情，就都可以干。

我们经常会听到有人像上面这样讲的，特别是大学里也这样讲，但实际上很难做到。我是从我的角度来审视，可能还有其他因素。

⊙ 专家三：

实际上这个课题我参与的深度也比较大。多年以来，我对货运一直有所思考。

课题题目的命名有一个过程，刚才讲课题背景时也谈到了。其实这个课题最早是建设期间的课题，那时还有虹桥机场西货运区的项目，课题的初衷是为货运站设计本身起点作用，特别是针对虹桥机场。在做课题的过程中，题目发生了很多变化，确实是一步步越来越深入。

刚才两位专家讲得都很精彩。在做课题的过程中，我也有很多感动和感悟。公司本身是法制下的产物。如果不是法制社会，我们是不需要公司的，村落、生产队就可以了。所以公司不是一个社会团体。就像刚才最后总结的时候讲的，关键还是公司法。其实我们调查研究，分析到最后也回到公司治理上了。刚开始觉得纷繁复杂内容太多，看不懂。但看到最后，看到的是公司法。所以我说刚才最后的总结，真的就是我们认识的过程。

我看了一下，很多我的想法在报告里都体现出来了，我也不多说。**我觉得对PACTL的认识，有三个不同的层面**。

第一个是宏观层面上的。报告的前言是我写的，前言里实际上把宏观层面上的好多话都讲了。我觉得如果不从宏观层面上看PACTL，很难对它有深刻的认识。所以一上来就讲决策是最主要的。

其实我们从一期货运区到西货运区、到对下一步货运的认识，总是有分歧的，这也很正常。我们做一期货运区时，分歧很大。那时上海机场货运量只有24万t，我们要做一个500万t的规划，真的没人敢相信。

我一直讲，我们那时请德国人、日本人一起给我们做老师，后来又请法国人做老师。回头看，老师讲的是对的，是学生听不懂，所以走了很多弯路。听老师的地方其实都还蛮成功的。这就是宏观层面要认识的。我们首先要对PACTL有个宏观的认识。

第二个是中观层面上的。就是刚才两位专家讲的，体现在一系列的公司治理和管理上。中观层面的认识非常重要。我们研究这种管理类题目，说实在的也不能把太多人为因素都讲进去，否则就更复杂了。从中观层面上讲，课题的主要目标是放在这个层面上的，我觉得报告里也都讲清楚了。

第三个是微观层面上的。微观层面上日常的人的活动，报告里讲的比较少。把这些日常的人的活动写成文字，形成一种理念，并归纳出来是很困难，不太好总结。但实际上，就像刚才讲的，日常的人的活动其实也非常重要。有好多事情就取决于人，取决于什么人来做。公司法是一直有的,像PACTL这种治理模式在机场集团的其他企业里面也有,但没有人比PACTL做得更好。这是人的因素决定的。可能很难总结出一二三来,但人的作用还是可以再提得多一点,重一点。

从前期决策、经营管理这两部分内容看,我觉得已经超出原来课题的目标了,每次讨论又加进了许多,越超越多。这个题目当时是一个很小的课题,结果越做越大。但这个题目我愿意一直做下去,不仅是功能、流程的问题,还可以把整个企业管理好好研究下。

机场集团的主要领导一直很关心企业管理的问题。特别是新的领导来了以后,也常常讲现代企业应该怎么建设,还让我们要出去好好学习一下。我觉得我们不用出去学,我们自己就有一个全国一流,甚至是最好的企业。领导就让我"把它总结一下"。我想这个目的基本已经达到。

这个报告原来内容还有很多,现在慢慢精简下来。但总结提炼到一定程度,就有难度了,也不能太精简,否则抽象完了就是公司法,必须把一些具体的案例结合起来才很生动。

今天是这个课题的验收会,我觉得报告已经达到任务书的要求了。谢谢各位!

⊙ 专家四:

今天这个机会非常好,剖析一个很成功的企业,对我自己学习的启发也很多。

就科研课题上,这个选题非常好。PACTL应该是机场中营利最多、利润率最大的企业之一。从公司治理、内控、营销、流程等方面进行剖析,非常有意义。前面提到的内容都是这个企业成功很重要的因素。充实这些内容,报告将更加丰满。

跳出这个课题来说,我觉得研究成果很有借鉴意义。

第一,说得高一点,对上海机场集团各个单位的内部治理有没有什么可借鉴的地方,虽然机场和PACTL可能有些不一样。

第二,我们现在在建货运枢纽,货运规模很快达到世界第一。在货运枢纽建设上,可能还有很多工作要做,可以多花点心思,多列几个课题。货运量世界第一,一定需要技术上的支撑,现在的技术研究和成果尚不能负荷"世界第一"。

第三,现在上海机场要走出去。刚才课题里讲的投资模式、公司治理,还有职业董事长、职业经理人制度,是不是对我们以后"走出去"有借鉴意义。例如我们兼并一个机场,职业董事长要什么素质,职业经理人要什么素质,投融资是什么形式,公司治理是什么形式,我觉得都可以借鉴。

希望课题组从货运枢纽建设、公司治理及"走出去"的战略实施等角度再加研究!

最后,再次谢谢课题组,从各位专家学习到许多新的名词,谢谢大家。

⊙ 专家五:

今天通过这个课题验收让我感受颇多,我想说两点感受、一个建议。

第一个感受就是货运站项目,从前期决策、规划建设、经营管理,到最后能够取得这样大的成功,很难得。从20世纪90年代开始,货运发展一直是上海的优势,而质的飞跃就是在浦东机场建成后。当时机场集团在货运站项目抉择时,也面临着很多的问题和困难:建多大的规模,由谁管理,资金从哪里来等?能够在当时这样的条件下做出正确、果断的决策,很不容易。我们原来的竞争对手基地航可能就是在这方面错失良机。契机、商机就是在这个过程当中孕育的,稍纵即逝。可以说正确的决策成就了现在成功的基础。

第二个感受是刚才讲了多年经营管理的体会。我深深体会到在PACTL的管理中已经充分体现了一个现代企业的管理机制、管理理念。我们一直讲建立现代企业制度,解决企业转型、

改革面临的问题,实际上PACTL就是一个活生生的案例。现代企业管理实际上已经体现在PACTL多年的管理经验中。刚才专家讲的五个得益于,就是对现代企业制度应用的高度概括和总结。

这是我比较深刻的两个感受。

我还有一个建议。教培学院和建设公司是一个比较好的承办平台,是不是可以把PACTL的管理理念,包括职业董事长、经营层的管理经验,用于指导机场的对外投资,提升投资公司的管理水平。因为机场现在很多的投资企业,有的企业做得不错,有的企业还面临着一些问题,如管理理念、管理机制如何创新、变革等。

我觉得有这么一个案例确实蛮好的,同时可以通过建设公司教培中心进一步总结和提炼后,今后除了工程建设管理经验的总结和传播外,在经营管理经验的总结和传播方面也将有一定提升,这是非常好的一块培训素材。

图表索引

图 1-1　研究的技术路线图　5

图 1-2　杭州萧山国际机场东区国际货站　7

图 2-1　1998 年上海航空货运市场份额　11

图 2-2　三方合资成立 PACTL　13

图 2-3　PACTL 的投融资模式　14

图 2-4　股东会、董事会、监事会、经理层等"物理层次"的组织架构图　16

图 2-5　PACTL 公司股权关系和委托—代理关系　17

图 3-1　旅客与货物登机的不同流程　25

图 3-2　PACTL 的职能部门组织结构图　26

图 4-1　国际货物进港现状流程　46

图 4-2　国际货物出港现状流程　46

图 4-3　机场货运流程（以国际货物出港为例）　47

图 4-4　中转业务概念示意图　47

图 4-5　中转业务流程示意图　48

图 4-6　SZV 流程　50

图 4-7　上海清关模式　50

图 4-8　上海转关模式　50

图 4-9　SZV 运作模式　51

图 4-10　浦运公司的卡车航班　56

图 5-1　PACTL 货运设施现状分布　60

图 5-2　一期货运站进港作业流程图　63

图 5-3　一期货运站出港作业流程图　64

图 5-4　PACTL 西货运站进港作业流程图　65

图 5-5　PACTL 西货运站出港作业流程图　66

图 5-6　PACTL 一期货运站功能布局　68

图 5-7　西货运站功能布局　70

图 5-8　西货运站详细功能分区　70

图 5-9　出港直通货物作业区流程　73

图 5-10　出港非直通货物作业区流程　74

图 5-11　出港整板箱货物作业区流程　74

图 5-12　代理作业区流程　75

图 5-13　进港直通货作业区流程　76

图 5-14　进港非直通货作业区流程　77

图 5-15　进港 T+货作业区流程　78

图 5-16　直通集装货处理系统　80

图 5-17　叉车在工作站之间作业路径示意图　81

图 5-18　PACTL 一期货运站散货存储系统布置　82

图 5-19　优化后的散货存储系统布置图　82

图 5-20　传统型货运站　84

图 5-21　增大开面式货运站（增大空侧开面或

图表索引

图 5-22 合成式货运站 85
图 5-23 转运中心货运站 85
图 5-24 综合型货运站（以 PACTL 西货运站为例） 86
图 5-25 PACTL 西货运站的灵活性 87
图 5-26 浦东国际机场西货运区的灵活性 88

图 6-1 物流产业链的空间布局 96
图 6-2 浦东国际机场西区公共货站融资模式 98
图 6-3 浦东国际机场西货运站 99
图 6-4 浦东国际机场西货运站总图 99
图 6-5 浦东国际机场西区公共货运站功能分区 100
图 6-6 浦东机场西货运区设施布局示意图 101
图 6-7 浦东国际机场西货运区主卡口设施及流程 102
图 6-8 浦东国际机场综合保税区监管模式 103
图 6-9 浦东国际机场综合保税区现状 104
图 6-10 浦东国际机场综合保税区卡口和综合服务中心 105

图 7-1 浦东国际机场冷链货站的位置 112
图 7-2 浦东国际机场冷链货站的外景 113
图 7-3 浦东国际机场冷链货站的设施布局 113
图 7-4 冷链货站的航空口岸货物出港（左）货物进港（右）流程 113
图 7-5 冷链货站的融资模式 114

表 2-1 合资公司投资总额明细表 13
表 3-1 PACTL 的质量指标 38
表 4-1 定期卡车航班时刻表 53
表 4-2 定期卡车航班目的港表 53
表 4-3 不定期卡车航班表 54
表 4-4 不定期卡车航班目的港表 55
表 5-1 PACTL 一期货运站与西货运站规模比较 61
表 5-2 PACTL 一期货运站各功能部分的面积及人员配备表 68
表 5-3 PACTL 西货运站 71
表 5-4 一期货运站和西货运站的主要工艺设备及其数量比较 78
表 5-5 2001—2009 年我国航空货运量统计数据 89
表 5-6 2004—2008 年我国进出口额统计数据 91
表 7-1 近年兴起的生鲜电商平台做冷链物流的四个代表模式 108
表 7-2 浦东国际机场各货站的冷链设施规模 115

案例索引

案例 1-1 杭州萧山国际机场东区国际货站投资运营模式研究　6

案例 3-1 PACTL 首任总经理的企业文化　32

案例 3-2 PACTL 特殊的机场方老员工　34

案例 3-3 国内与国外货运政策的区别　44

案例 4-1 SZV 的空陆联程中转　52

案例 5-1 PACTL 的货代打板业务　69

浦东国际机场货运站规划与运营

后 记

我国现代意义上的航空货运站兴起于20世纪90年代中后期,经过10多年持续高速发展,逐步走向成熟。在此过程中涌现出一批优秀企业,PACTL是其中的佼佼者。

课题组成立于2009年年初,至报告今付梓出版,历时近3年。初衷是想对虹桥机场西货运站规划建设及机场集团对外合资有一些帮助。随着研究、访谈的深入,报告内容越来越多,后来我们定位在中观层面。现在读者看到的是数易其稿后的最终成果。

在此期间,课题组逐渐为PACTL独特的文化和取得的巨大成就所感染、折服。无论是PACTL成立前及时的决策、巧妙的资本运作,还是成立后充分的公司治理、中性独立的公司定位、精细化的企业内部管理、效率优先的外部营销以及功能流程的再造等,都体现出现代一流企业的品质。所以说,PACTL的成功不是偶然的。

我们也不应忘记PACTL成功中人的因素,尤其是历任领导人的贡献。在控股母公司是垄断型大型国有企业的背景下,处于竞争市场中的PACTL取得成功,离不开这些优秀的职业董事长、职业经理人。正是他们的努力,中和了东西方文化的冲突,弥补了国企官僚化与外企市场化的裂痕。他们为PACTL的成功默默付出了很多。

我们认为对PACTL的成功进行回顾和总结的主要意义在于:

第一,PACTL的成功是现代国有控股企业成功的典范。机场集团在合资过程中巧妙的资本运作、合理的战略管控定位、充分的公司治理设计等,对探索我国大型国企集团在投融资、公司治理、集团管控等领域的改革发展具有巨大的实践意义,也为大型国企集团发展多元业务、开展对外投资合作提供了宝贵的经验和启示。

第二,对PACTL的运营管理模式的全方位研究涉及现代企业管理的诸多领域,无论从管理学的角度,还是从交通运输专业的角度,均具有较高的学术意义和理论价值。研究成果对于推进上海航空枢纽战略,尤其是货运枢纽战略,发展交通运输物流业,具有显著的社会效益和经济效益。

第三,PACTL成功的经营管理经验为中外合资企业提供了一个很好的范例。代表国资的中方在适当地处理好与外方关系的同时,通过合资企业的发展不断壮大国有资产。这些做法对中外合资企业的经营管理具有很强的借鉴意义。

第四,PACTL发展壮大的过程就是一部完整的现代航空货运站功能流程发展变化的过程。对此进行研究总结,可以为机场货运设施规划建设提供第一手资料和依据,指导空港物流园区的发展规划和机场货运区工程建设。

最后,感谢曾给予课题组指导、帮助和关心的所有同事和朋友们,正是在你们的支持下,报告才能最终完成。感谢上海机场集团和PACTL的领导,你们的讲述让我们一次次地感动,同时也为报告提供了许多珍贵的观点和经典的案例,使报告的内容更加充实和完善。感谢上海科学技术出版社的编辑,你们默默地努力,使本书能够及时出版,与读者见面。

由于时间仓促和认识有限,报告的缺点和不足之处在所难免。欢迎读者、同行和有关专家提出意见和建议,以便我们今后改进。

同济大学经济与管理学院教授　陳建國

2012年5月

参考文献

[1] 上海机场(集团)有限公司.上海航空枢纽战略规划.2004.

[2] 上海浦东国际机场货运站有限公司主页.[2009-10].http://www.pactl.com.

[3] 吴祥明.浦东国际机场建设——总体规划.上海:上海科学技术出版社,1999.

[4] 刘志军,顾承东.上海机场通过卡车航班延伸机场货运服务功能.综合运输,2010.

[5] 苏州工业园区主页.[2009-10].http://www.sipac.gov.cn.

[6] 苏州工业园区物流中心——上海—苏州空陆联程模式.[2009-10].http://www.sipac.gov.cn.

[7] "SZV"——物流"新干线"变成"主干道".[2006-05].http://www.customs.gov.cn.

[8] 长三角将推广"属地申报口岸验放"区域通关改革.[2006-08].http://local.xinhuanet.com.

[9] 长三角区域通关改革范围扩大至12个省区市.[2007-07].http://news.sohu.com.

[10] 孙毅彪.在《长三角区域大通关建设协作备忘录》签约仪式上的发言.

[11] 苏州"虚拟空港"实现进出口双向"直航".[2007-10].http://www.js.xinhuanet.com.

[12] 国货航:做好我们的专长.[2005-12].http://ibdaily.mofcom.gov.cn.

[13] 上海市浦东汽车运输有限公司主页.[2009-10].http://puyun.com.cn.

[14] 新时代国际运输服务有限公司主页.[2009-10].http://www.newtimescargo.com.

[15] 赖怀南.机遇与挑战——从卡车航班看国际航空货运的发展趋势.民航管理,2006.

[16] 韩军.卡车航班——中国专业货运承运人发展的必然选择.空运商务,2008.